기본 연산
Check-Book

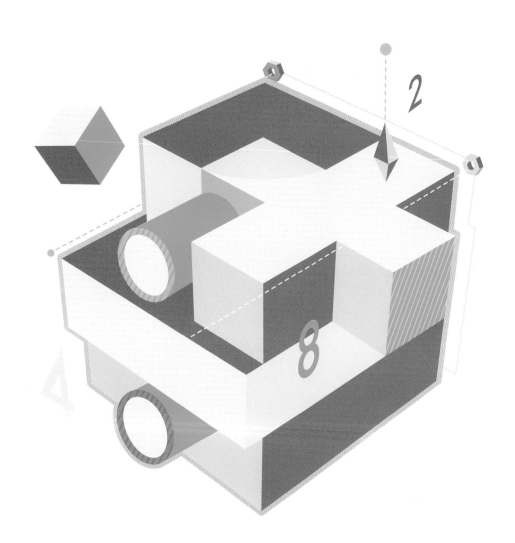

6세 3호

합이 9까지인 덧셈

① 2 4 → 6

② 3 1 →

③ 4 4 →

④ 1 2 →

⑤ 2 3 →

⑥ 1 4 →

⑦ 1 5 →

⑧ 3 4 →

⑨ 3 3 →

⑩ 2 6 →

⑪ 3 2 →

⑫ 2 5 →

⑬ 4 2 →

⑭ 4 5 →

⑮ 2 2 →

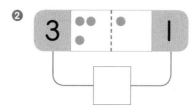
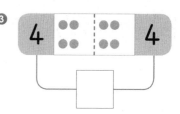
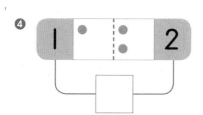
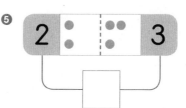
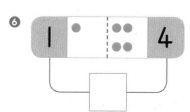
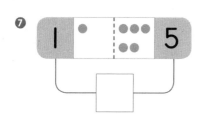
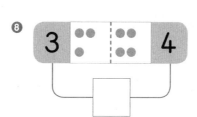
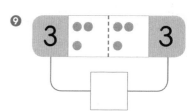
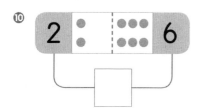
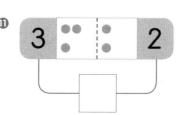
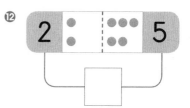
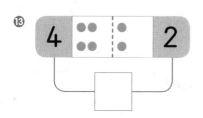
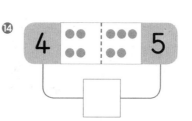
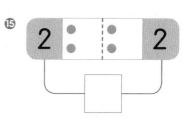

⑯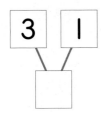

⑰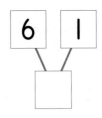

⑱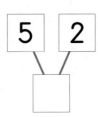

⑲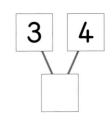

⑳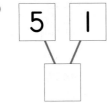

㉑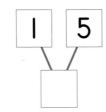

㉒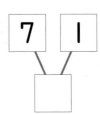

㉓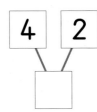

㉔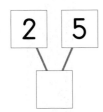

㉕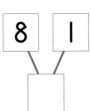

㉖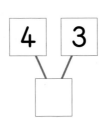

㉗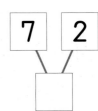

㉘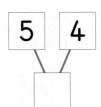

㉙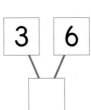

㉚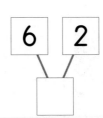

㉛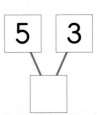

㉜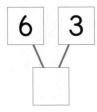

㉝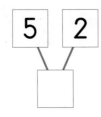

㉞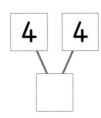

㉟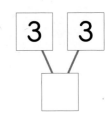

가르기

❶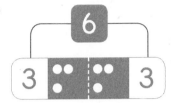

❷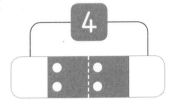

❸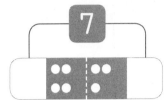

❹

❺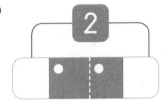

❻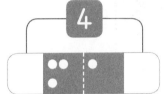

❼

❽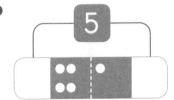

❾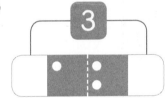

❿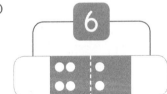

⓫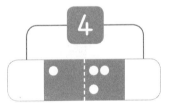

⓬

⓭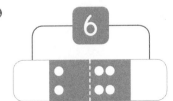

⓮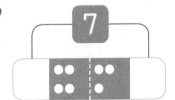

⓯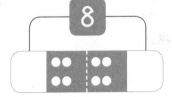

⑯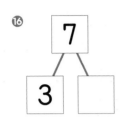

⑰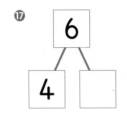

⑱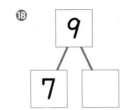

⑲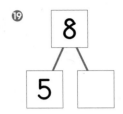

⑳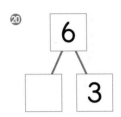

㉑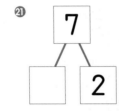

㉒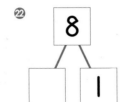

㉓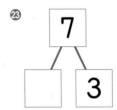

㉔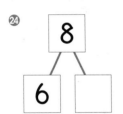

㉕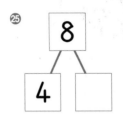

㉖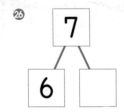

㉗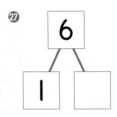

㉘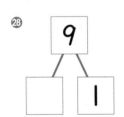

㉙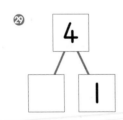

㉚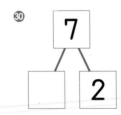

㉛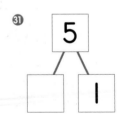

㉜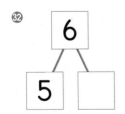

㉝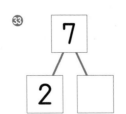

㉞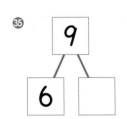

자르는 선

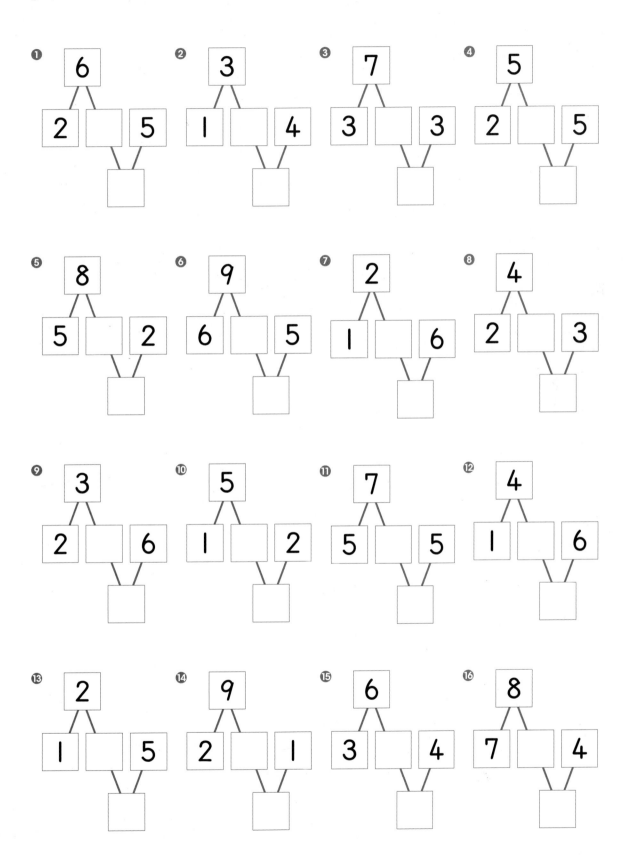

월   일

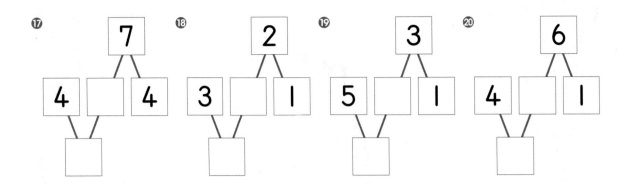

⑰ 7 / 4 □ 4 / □

⑱ 2 / 3 □ 1 / □

⑲ 3 / 5 □ 1 / □

⑳ 6 / 4 □ 1 / □

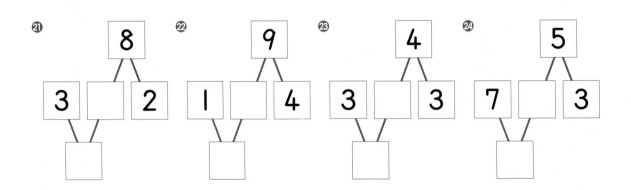

㉑ 8 / 3 □ 2 / □

㉒ 9 / 1 □ 4 / □

㉓ 4 / 3 □ 3 / □

㉔ 5 / 7 □ 3 / □

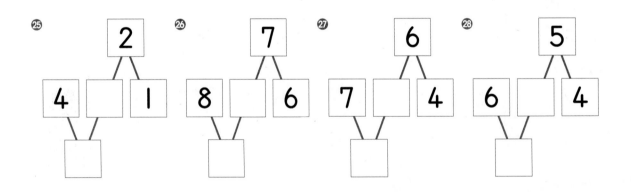

㉕ 2 / 4 □ 1 / □

㉖ 7 / 8 □ 6 / □

㉗ 6 / 7 □ 4 / □

㉘ 5 / 6 □ 4 / □

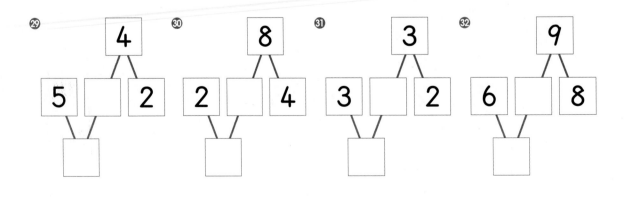

㉙ 4 / 5 □ 2 / □

㉚ 8 / 2 □ 4 / □

㉛ 3 / 3 □ 2 / □

㉜ 9 / 6 □ 8 / □

6

9까지의 덧셈

❶

3+4=☐

❷

2+5=☐

❸

3+3=☐

❹

2+1=☐

❺

4+1=☐

❻

5+2=☐

❼

6+2=☐

❽

5+4=☐

❾

3+5=☐

❿

1+2=☐

⓫

2+6=☐

⓬

1+4=☐

⓭

3+6=☐

⓮

1+5=☐

⓯

4+5=☐

⑯

3＋1＝ □

⑰

4＋2＝ □

⑱

1＋3＝ □

⑲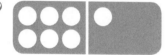

6＋1＝ □

⑳

2＋2＝ □

㉑

3＋2＝ □

㉒

4＋3＝ □

㉓

1＋1＝ □

㉔

5＋1＝ □

㉕

5＋3＝ □

㉖

2＋3＝ □

㉗

6＋3＝ □

㉘

1＋6＝ □

㉙

4＋4＝ □

㉚

3＋4＝ □

8

자르는 선

두 수의 합

① 4+1=☐   ② 6+3=☐   ③ 3+1=☐

④ 2+7=☐   ⑤ 5+1=☐   ⑥ 7+2=☐

⑦ 6+2=☐   ⑧ 4+5=☐   ⑨ 4+3=☐

⑩ 3+2=☐   ⑪ 8+1=☐   ⑫ 5+3=☐

⑬ 5+4=☐   ⑭ 3+5=☐   ⑮ 6+1=☐

⑯ 2+3=☐   ⑰ 2+5=☐   ⑱ 3+3=☐

⑲
$$\begin{array}{r} 7 \\ +\ 1 \\ \hline \end{array}$$

⑳
$$\begin{array}{r} 4 \\ +\ 4 \\ \hline \end{array}$$

㉑
$$\begin{array}{r} 2 \\ +\ 2 \\ \hline \end{array}$$

㉒
$$\begin{array}{r} 4 \\ +\ 2 \\ \hline \end{array}$$

㉓
$$\begin{array}{r} 3 \\ +\ 6 \\ \hline \end{array}$$

㉔
$$\begin{array}{r} 2 \\ +\ 4 \\ \hline \end{array}$$

㉕
$$\begin{array}{r} 5 \\ +\ 2 \\ \hline \end{array}$$

㉖
$$\begin{array}{r} 3 \\ +\ 4 \\ \hline \end{array}$$

㉗ 6+2=☐

㉘ 5+4=☐

㉙ 5+1=☐

㉚ 3+6=☐

㉛ 7+1=☐

㉜ 3+3=☐

㉝ 5+3=☐

㉞ 3+2=☐

㉟ 4+1=☐

㊱ 7+2=☐

㊲ 4+3=☐

㊳ 2+7=☐

㊴ 2+6=☐

㊵ 6+3=☐

㊶ 4+5=☐

㊷ 4+4=☐

㊸ 3+4=☐

㊹ 1+6=☐

㊺
```
    4
  + 2
  ─────
   ☐
```

㊻
```
    2
  + 5
  ─────
   ☐
```

㊼
```
    8
  + 1
  ─────
   ☐
```

㊽
```
    3
  + 1
  ─────
   ☐
```

㊾
```
    6
  + 1
  ─────
   ☐
```

㊿
```
    2
  + 3
  ─────
   ☐
```

51
```
    3
  + 5
  ─────
   ☐
```

52
```
    5
  + 2
  ─────
   ☐
```

자르는 선

6주 □가 있는 덧셈 (1)

❶ $3 + \boxed{} = 6$

❷ $4 + \boxed{} = 5$

❸ $2 + \boxed{} = 7$

❹ $6 + \boxed{} = 7$

❺ $2 + \boxed{} = 9$

❻ $3 + \boxed{} = 8$

❼ $5 + \boxed{} = 8$

❽ $1 + \boxed{} = 8$

❾ $8 + \boxed{} = 9$

❿ $4 + \boxed{} = 7$

⓫ $3 + \boxed{} = 5$

⓬ $4 + \boxed{} = 9$

⓭ $7 + \boxed{} = 9$

⓮ $5 + \boxed{} = 9$

⓯ $5 + \boxed{} = 6$

⓰ $3 + \boxed{} = 4$

⓱ $2 + \boxed{} = 5$

⓲ $6 + \boxed{} = 9$

⓳
$$\begin{array}{r} 3 \\ + \boxed{} \\ \hline 9 \end{array}$$

⓴
$$\begin{array}{r} 1 \\ + \boxed{} \\ \hline 5 \end{array}$$

㉑
$$\begin{array}{r} 5 \\ + \boxed{} \\ \hline 7 \end{array}$$

㉒
$$\begin{array}{r} 3 \\ + \boxed{} \\ \hline 7 \end{array}$$

㉓
$$\begin{array}{r} 7 \\ + \boxed{} \\ \hline 8 \end{array}$$

㉔
$$\begin{array}{r} 4 \\ + \boxed{} \\ \hline 8 \end{array}$$

㉕
$$\begin{array}{r} 2 \\ + \boxed{} \\ \hline 4 \end{array}$$

㉖
$$\begin{array}{r} 1 \\ + \boxed{} \\ \hline 7 \end{array}$$

㉗ $\square + 4 = 7$ ㉘ $\square + 6 = 7$ ㉙ $\square + 4 = 8$

㉚ $\square + 3 = 9$ ㉛ $\square + 5 = 9$ ㉜ $\square + 6 = 7$

㉝ $\square + 3 = 7$ ㉞ $\square + 7 = 9$ ㉟ $\square + 2 = 9$

㊱ $\square + 2 = 5$ ㊲ $\square + 1 = 5$ ㊳ $\square + 3 = 8$

㊴ $\square + 1 = 8$ ㊵ $\square + 3 = 6$ ㊶ $\square + 6 = 9$

㊷ $\square + 4 = 9$ ㊸ $\square + 1 = 6$ ㊹ $\square + 2 = 3$

㊺
$$\begin{array}{r} \square \\ +\ 2 \\ \hline 6 \end{array}$$

㊻
$$\begin{array}{r} \square \\ +\ 5 \\ \hline 7 \end{array}$$

㊼
$$\begin{array}{r} \square \\ +\ 8 \\ \hline 9 \end{array}$$

㊽
$$\begin{array}{r} \square \\ +\ 1 \\ \hline 2 \end{array}$$

㊾
$$\begin{array}{r} \square \\ +\ 1 \\ \hline 7 \end{array}$$

㊿
$$\begin{array}{r} \square \\ +\ 3 \\ \hline 5 \end{array}$$

�51
$$\begin{array}{r} \square \\ +\ 5 \\ \hline 8 \end{array}$$

�52
$$\begin{array}{r} \square \\ +\ 5 \\ \hline 6 \end{array}$$

자르는 선

① $6+3=\boxed{}$　　② $5+\boxed{}=6$　　③ $\boxed{}+4=7$

④ $7+1=\boxed{}$　　⑤ $2+\boxed{}=9$　　⑥ $\boxed{}+1=5$

⑦ $1+5=\boxed{}$　　⑧ $4+\boxed{}=8$　　⑨ $\boxed{}+2=7$

⑩ $2+7=\boxed{}$　　⑪ $7+\boxed{}=9$　　⑫ $\boxed{}+2=5$

⑬ $4+3=\boxed{}$　　⑭ $3+\boxed{}=6$　　⑮ $\boxed{}+6=8$

⑯ $1+6=\boxed{}$　　⑰ $1+\boxed{}=9$　　⑱ $\boxed{}+2=9$

⑲
$$\begin{array}{r}2\\+\ 3\\\hline \boxed{}\end{array}$$

⑳
$$\begin{array}{r}5\\+\ \boxed{}\\\hline 7\end{array}$$

㉑
$$\begin{array}{r}\boxed{}\\+\ 4\\\hline 6\end{array}$$

㉒
$$\begin{array}{r}4\\+\ 5\\\hline \boxed{}\end{array}$$

㉓
$$\begin{array}{r}4\\+\ 3\\\hline \boxed{}\end{array}$$

㉔
$$\begin{array}{r}3\\+\ \boxed{}\\\hline 6\end{array}$$

㉕
$$\begin{array}{r}\boxed{}\\+\ 3\\\hline 8\end{array}$$

㉖
$$\begin{array}{r}3\\+\ 6\\\hline \boxed{}\end{array}$$

㉗ $3+6=\square$

㉘ $3+\square=8$

㉙ $\square+5=9$

㉚ $5+4=\square$

㉛ $6+\square=9$

㉜ $\square+1=4$

㉝ $8+1=\square$

㉞ $1+\square=5$

㉟ $\square+2=8$

㊱ $2+6=\square$

㊲ $5+\square=8$

㊳ $\square+1=8$

㊴ $4+2=\square$

㊵ $1+\square=4$

㊶ $\square+1=3$

㊷ $1+7=\square$

㊸ $8+\square=9$

㊹ $\square+5=7$

㊺
$$\begin{array}{r} 4 \\ +\ 2 \\ \hline \square \end{array}$$

㊻
$$\begin{array}{r} 3 \\ +\ \square \\ \hline 7 \end{array}$$

㊼
$$\begin{array}{r} \square \\ +\ 5 \\ \hline 8 \end{array}$$

㊽
$$\begin{array}{r} 2 \\ +\ 7 \\ \hline \square \end{array}$$

㊾
$$\begin{array}{r} 6 \\ +\ 2 \\ \hline \square \end{array}$$

㊿
$$\begin{array}{r} 4 \\ +\ \square \\ \hline 8 \end{array}$$

�51
$$\begin{array}{r} \square \\ +\ 5 \\ \hline 7 \end{array}$$

�52
$$\begin{array}{r} 5 \\ +\ 4 \\ \hline \square \end{array}$$

① $2+7=\square$ ② $7+\square=8$ ③ $\square+1=5$

④ $4+\square=6$ ⑤ $\square+2=7$ ⑥ $5+2=\square$

⑦ $\square+5=6$ ⑧ $3+6=\square$ ⑨ $3+\square=6$

⑩ $3+4=\square$ ⑪ $1+\square=9$ ⑫ $\square+3=6$

⑬ $2+\square=5$ ⑭ $\square+3=9$ ⑮ $4+2=\square$

⑯ $\square+1=9$ ⑰ $1+7=\square$ ⑱ $4+\square=9$

⑲
$$\begin{array}{r} 7 \\ +\ 2 \\ \hline \square \end{array}$$

⑳
$$\begin{array}{r} 3 \\ +\ \square \\ \hline 5 \end{array}$$

㉑
$$\begin{array}{r} \square \\ +\ 3 \\ \hline 8 \end{array}$$

㉒
$$\begin{array}{r} 5 \\ +\ \square \\ \hline 9 \end{array}$$

㉓
$$\begin{array}{r} \square \\ +\ 1 \\ \hline 8 \end{array}$$

㉔
$$\begin{array}{r} 6 \\ +\ 2 \\ \hline \square \end{array}$$

㉕
$$\begin{array}{r} 4 \\ +\ \square \\ \hline 7 \end{array}$$

㉖
$$\begin{array}{r} \square \\ +\ 2 \\ \hline 6 \end{array}$$

㉗ 3+5=☐

㉘ 6+☐=7

㉙ ☐+2=9

㉚ 2+☐=6

㉛ ☐+2=5

㉜ 1+2=☐

㉝ ☐+6=8

㉞ 2+1=☐

㉟ 1+☐=4

㊱ 2+7=☐

㊲ 3+☐=9

㊳ ☐+4=8

㊴ 3+☐=4

㊵ ☐+2=4

㊶ 3+4=☐

㊷ ☐+1=2

㊸ 2+5=☐

㊹ 2+☐=8

㊺
```
    3
 +  4
 ─────
   ☐
```

㊻
```
    8
 +  ☐
 ─────
    9
```

㊼
```
    ☐
 +  6
 ─────
    7
```

㊽
```
    3
 +  ☐
 ─────
    6
```

㊾
```
    ☐
 +  2
 ─────
    5
```

㊿
```
    4
 +  5
 ─────
    ☐
```

�51
```
    3
 +  ☐
 ─────
    9
```

�52
```
    ☐
 +  7
 ─────
    8
```

자르는 선

정 답

1주 모으기 1~2쪽

❶ 6 ❷ 4 ❸ 8 ❹ 3 ❺ 5 ❻ 5 ❼ 6 ❽ 7 ❾ 6 ❿ 8 ⓫ 5 ⓬ 7
⓭ 6 ⓮ 9 ⓯ 4 ⓰ 4 ⓱ 7 ⓲ 7 ⓳ 7 ⓴ 6 ㉑ 6 ㉒ 8 ㉓ 6 ㉔ 7
㉕ 9 ㉖ 7 ㉗ 9 ㉘ 9 ㉙ 9 ㉚ 8 ㉛ 8 ㉜ 9 ㉝ 7 ㉞ 8 ㉟ 6

2주 가르기 3~4쪽

❶ 3,3 ❷ 2,2 ❸ 4,3 ❹ 3,2 ❺ 1,1 ❻ 3,1 ❼ 2,1 ❽ 4,1 ❾ 1,2 ❿ 4,2 ⓫ 1,3 ⓬ 2,3
⓭ 2,4 ⓮ 4,3 ⓯ 4,4 ⓰ 4 ⓱ 2 ⓲ 2 ⓳ 3 ⓴ 3 ㉑ 5 ㉒ 7 ㉓ 4 ㉔ 2
㉕ 4 ㉖ 1 ㉗ 5 ㉘ 8 ㉙ 3 ㉚ 5 ㉛ 4 ㉜ 1 ㉝ 5 ㉞ 4 ㉟ 3

3주 가르기와 모으기 5~6쪽

❶ 4,9 ❷ 2,6 ❸ 4,7 ❹ 3,8 ❺ 3,5 ❻ 3,8 ❼ 1,7 ❽ 2,5 ❾ 1,7 ❿ 4,6 ⓫ 2,7 ⓬ 3,9
⓭ 1,6 ⓮ 7,8 ⓯ 3,7 ⓰ 1,5 ⓱ 3,7 ⓲ 1,4 ⓳ 2,7 ⓴ 5,9 ㉑ 6,9 ㉒ 5,6 ㉓ 1,4 ㉔ 2,9
㉕ 1,5 ㉖ 1,9 ㉗ 2,9 ㉘ 1,7 ㉙ 2,7 ㉚ 4,6 ㉛ 1,4 ㉜ 1,7

4주 9까지의 덧셈 7~8쪽

❶ 7 ❷ 7 ❸ 6 ❹ 3 ❺ 5 ❻ 7 ❼ 8 ❽ 9 ❾ 8 ❿ 3 ⓫ 8 ⓬ 5
⓭ 9 ⓮ 6 ⓯ 9 ⓰ 4 ⓱ 6 ⓲ 4 ⓳ 7 ⓴ 4 ㉑ 5 ㉒ 7 ㉓ 2 ㉔ 6
㉕ 8 ㉖ 5 ㉗ 9 ㉘ 7 ㉙ 8 ㉚ 7

5주 두 수의 합 9~10쪽

❶ 5 ❷ 9 ❸ 4 ❹ 9 ❺ 6 ❻ 9 ❼ 8 ❽ 9 ❾ 7 ❿ 5 ⓫ 9 ⓬ 8
⓭ 9 ⓮ 8 ⓯ 7 ⓰ 5 ⓱ 7 ⓲ 6 ⓳ 8 ⓴ 8 ㉑ 4 ㉒ 6 ㉓ 9 ㉔ 6
㉕ 7 ㉖ 7 ㉗ 8 ㉘ 9 ㉙ 6 ㉚ 9 ㉛ 8 ㉜ 6 ㉝ 8 ㉞ 5 ㉟ 5 ㊱ 9
㊲ 7 ㊳ 9 ㊴ 8 ㊵ 9 ㊶ 9 ㊷ 8 ㊸ 7 ㊹ 7 ㊺ 6 ㊻ 7 ㊼ 9 ㊽ 4
㊾ 7 ㊿ 5 ⑤1 8 ⑤2 7

6주 □가 있는 덧셈 (1) 11~12쪽

❶ 3 ❷ 1 ❸ 5 ❹ 1 ❺ 7 ❻ 5 ❼ 3 ❽ 7 ❾ 1 ❿ 3 ⓫ 2 ⓬ 5
⓭ 2 ⓮ 4 ⓯ 1 ⓰ 1 ⓱ 3 ⓲ 3 ⓳ 6 ⓴ 4 ㉑ 2 ㉒ 4 ㉓ 1 ㉔ 4
㉕ 2 ㉖ 6 ㉗ 3 ㉘ 1 ㉙ 4 ㉚ 6 ㉛ 4 ㉜ 1 ㉝ 4 ㉞ 2 ㉟ 7 ㊱ 3
㊲ 4 ㊳ 5 ㊴ 7 ㊵ 3 ㊶ 3 ㊷ 5 ㊸ 5 ㊹ 1 ㊺ 4 ㊻ 2 ㊼ 1 ㊽ 1
㊾ 6 ㊿ 2 ⑤1 3 ⑤2 1

7주 □가 있는 덧셈 (2) 13~14쪽

❶ 9 ❷ 1 ❸ 3 ❹ 8 ❺ 7 ❻ 4 ❼ 6 ❽ 4 ❾ 5 ❿ 9 ⓫ 2 ⓬ 3
⓭ 7 ⓮ 3 ⓯ 2 ⓰ 7 ⓱ 8 ⓲ 7 ⓳ 5 ⓴ 2 ㉑ 2 ㉒ 9 ㉓ 7 ㉔ 3
㉕ 5 ㉖ 9 ㉗ 9 ㉘ 5 ㉙ 4 ㉚ 9 ㉛ 3 ㉜ 3 ㉝ 9 ㉞ 4 ㉟ 6 ㊱ 8
㊲ 3 ㊳ 7 ㊴ 6 ㊵ 3 ㊶ 2 ㊷ 8 ㊸ 1 ㊹ 2 ㊺ 6 ㊻ 4 ㊼ 3 ㊽ 9
㊾ 8 ㊿ 4 ⑤1 2 ⑤2 9

8주 문제 해결 덧셈 15~16쪽

❶ 9 ❷ 1 ❸ 4 ❹ 2 ❺ 5 ❻ 7 ❼ 1 ❽ 9 ❾ 3 ❿ 7 ⓫ 8 ⓬ 3
⓭ 3 ⓮ 6 ⓯ 6 ⓰ 8 ⓱ 8 ⓲ 5 ⓳ 9 ⓴ 2 ㉑ 5 ㉒ 4 ㉓ 7 ㉔ 8
㉕ 3 ㉖ 4 ㉗ 8 ㉘ 1 ㉙ 7 ㉚ 4 ㉛ 3 ㉜ 3 ㉝ 2 ㉞ 3 ㉟ 3 ㊱ 9
㊲ 6 ㊳ 4 ㊴ 1 ㊵ 2 ㊶ 7 ㊷ 1 ㊸ 7 ㊹ 6 ㊺ 7 ㊻ 1 ㊼ 1 ㊽ 3
㊾ 3 ㊿ 9 ⑤1 6 ⑤2 1

사고셈

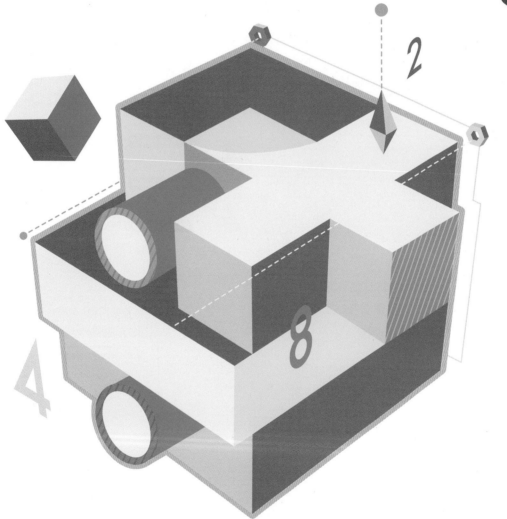

6세 3호

이 책의 구성과 특징

생각의 힘을 키우는 사고(思考)셈은 1주 4개, 8주 32개의 사고력 유형 학습을 통해 수와 연산에 대한 개념의 응용력(추론 및 문제해결능력)을 키울 수 있도록 하였습니다.

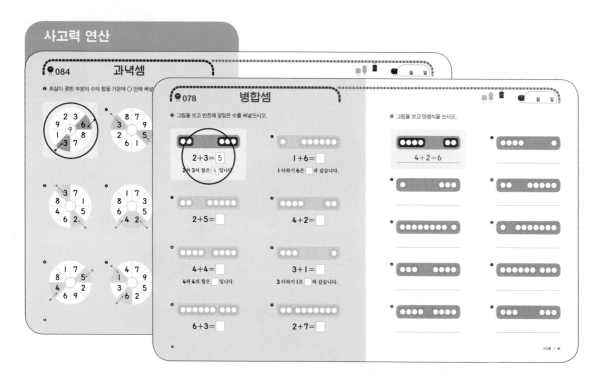

✚ 대표 사고력 유형으로 연산 원리를 쉽게쉽게
✚ 1~4일차: 다양한 유형의 주 진도 학습

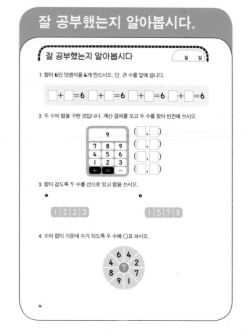

✚ 5일차 점검 학습: 주 진도 학습 확인

권두부록 (기본연산 Check-Book)

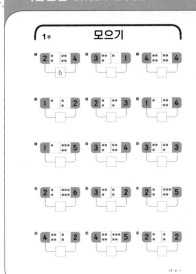

● 본 학습 전 기본연산 실력 진단

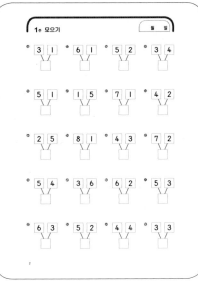

권말부록 (G-Book)

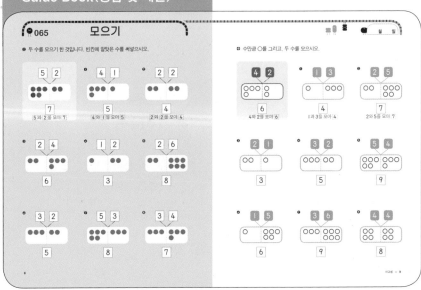

● 문제와 답을 한 눈에!

● 상세한 풀이와 친절한 해설, 답

학습 효과 및 활용법

학습 효과

- 수학적 사고력 향상
- 스스로 생각을 만드는 직관 학습
- 연산의 원리 이해
- 다양한 유형으로 수 조작력 향상
- 생각의 다양성 향상
- 추론능력, 문제해결력 향상
- 수·연산 영역 완벽 대비
- 진도 학습 및 점검 학습으로 연산 학습 완성

사고셈

주차별 활용법

1단계
기본연산
Check-Book으로
준비 학습

→

2단계
사고력 유형으로
진도 학습

→

3단계
마무리 문제로
점검 학습

1단계 : 기본연산 Check-Book으로 사고력 연산을 위한 준비 학습을 합니다.
2단계 : 사고력 유형으로 사고력 연산의 진도 학습을 합니다.
3단계 : 한 주마다 점검 학습(잘 공부했는지 알아봅시다)으로 사고력 향상을 확인합니다.

학습 구성

6세

1호	10까지의 수
2호	더하기 빼기 1과 2
3호	합이 9까지인 덧셈
4호	한 자리 수의 뺄셈과 세 수의 계산

7세

1호	한 자리 수의 덧셈과 뺄셈
2호	10 만들기
3호	50까지의 수
4호	더하기 빼기 1과 2, 10과 20

초등 1

1호	덧셈구구
2호	뺄셈구구와 덧셈, 뺄셈 혼합
3호	100까지의 수, 1000까지의 수
4호	받아올림, 받아내림 없는 두 자리 수의 계산

초등 2

1호	두 자리 수와 한 자리 수의 덧셈과 뺄셈
2호	두 자리 수의 덧셈과 뺄셈
3호	곱셈구구
4호	곱셈과 나눗셈 구구

초등 3

1호	세·네 자리 수의 덧셈과 뺄셈
2호	분수와 소수의 기초
3호	두 자리 수의 곱셈과 나눗셈
4호	분수

초등 4

1호	분수의 덧셈과 뺄셈
2호	혼합 계산
3호	소수의 덧셈과 뺄셈
4호	어림하기

이 책의 **학습 로드맵**

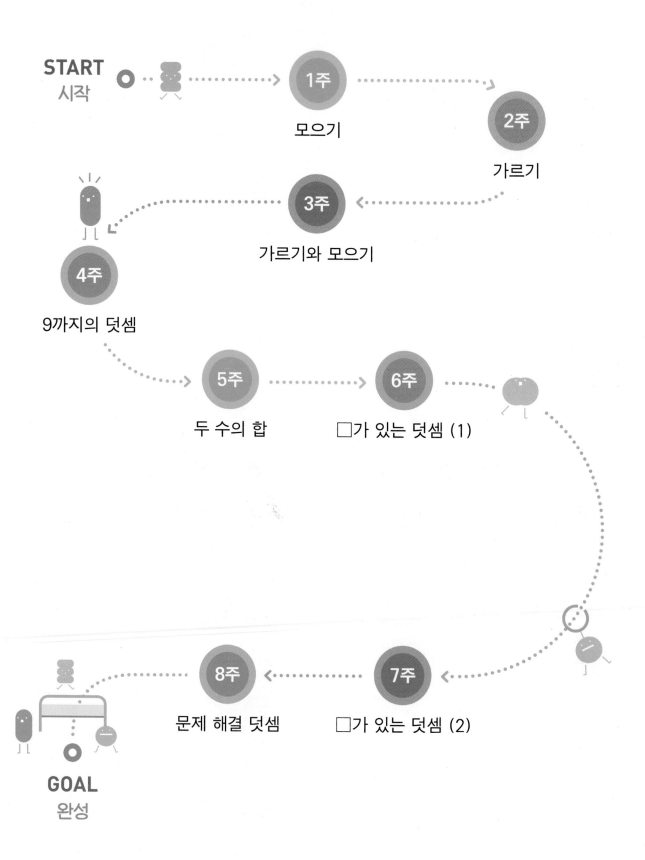

START
시작

1주
모으기

2주
가르기

3주
가르기와 모으기

4주
9까지의 덧셈

5주
두 수의 합

6주
□가 있는 덧셈 (1)

7주
□가 있는 덧셈 (2)

8주
문제 해결 덧셈

GOAL
완성

1

모으기

065 모으기

066 사방 모으기

067 양방 모으기

068 이중 모으기

모으기

● 두 수를 모으기 한 것입니다. 빈칸에 알맞은 수를 써넣으시오.

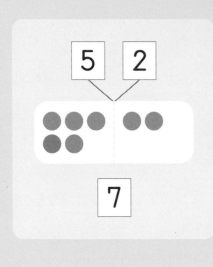

❶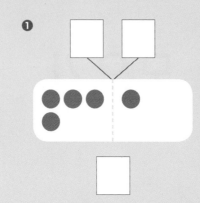

❷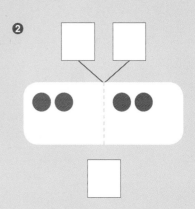

❸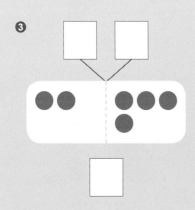

❹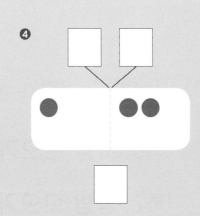

❺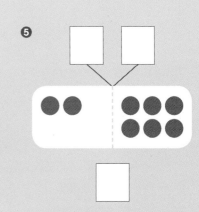

❻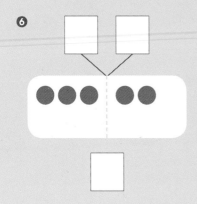

❼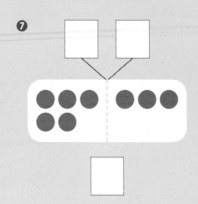

❽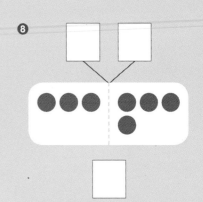

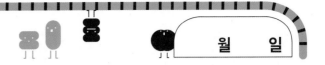

✚ 수만큼 ○를 그리고, 두 수를 모으시오.

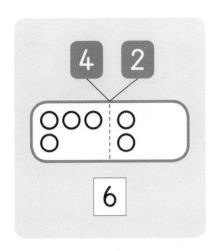

❶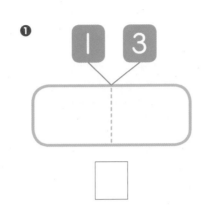

❷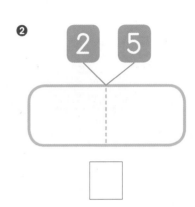

❸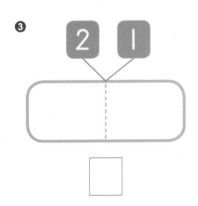

❹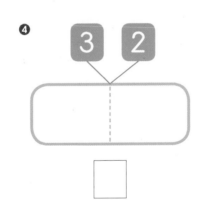

❺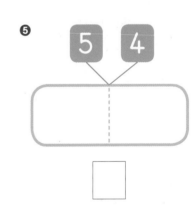

❻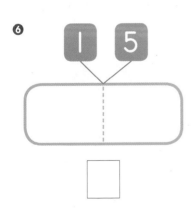

❼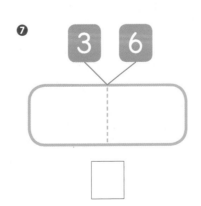

❽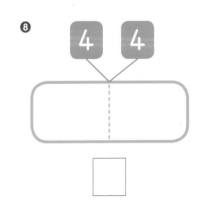

사방 모으기

❶ 세 방향으로 두 수를 모으시오.

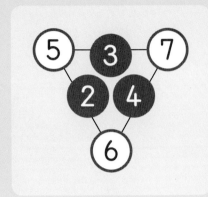

❶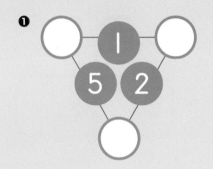

❷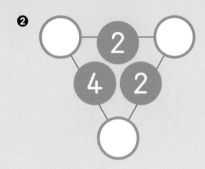

❸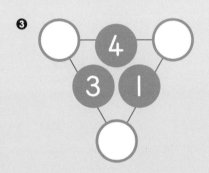

❹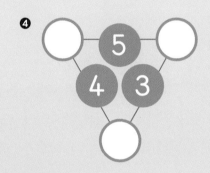

❺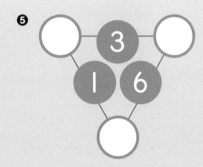

❻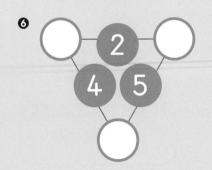

❼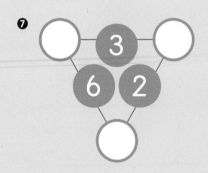

❽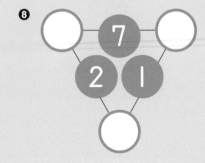

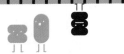
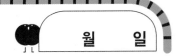

⊕ 네 방향으로 두 수를 모으시오.

❶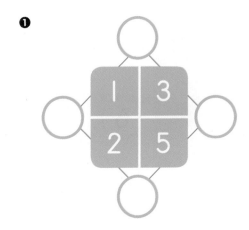

❷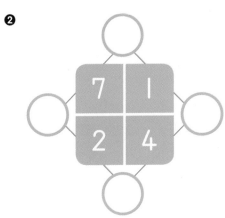

❸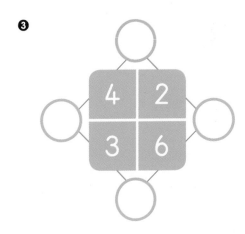

❹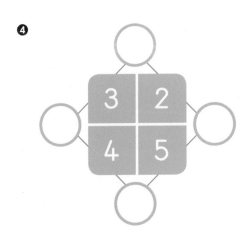

❺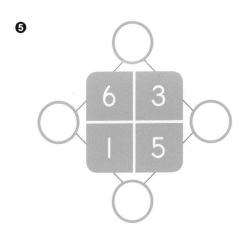

양방 모으기

● 모으기 하여 ◯ 안에 알맞은 수를 써넣으시오.

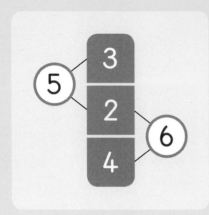

①
2
3
5

②
3
4
1

③
4
2
2

④
1
2
6

⑤
8
1
3

⑥
3
5
4

⑦
5
2
4

⑧
1
2
7

12

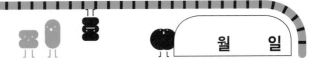
◆ 빈칸에 알맞은 수를 써넣으시오.

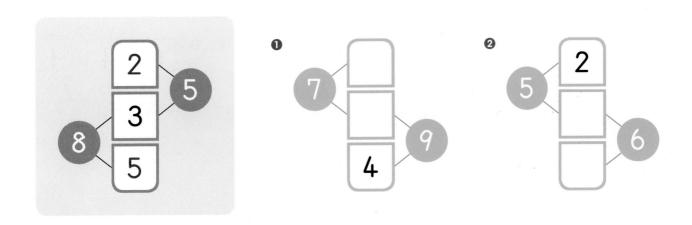

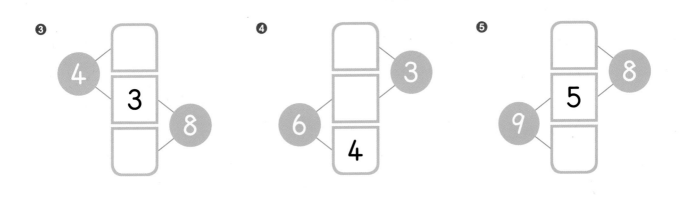

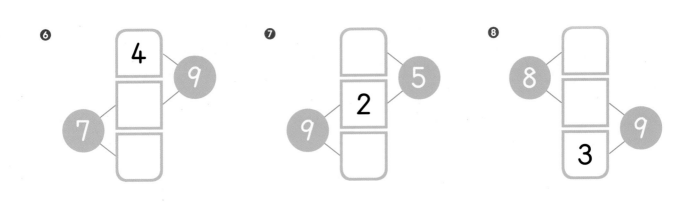

이중 모으기

● 모으기 하여 빈칸에 알맞은 수를 써넣으시오.

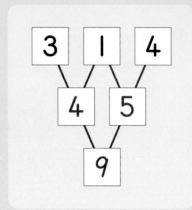

❶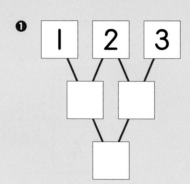

❷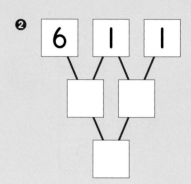

❸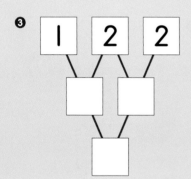

❹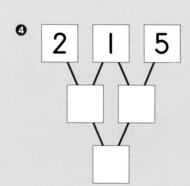

❺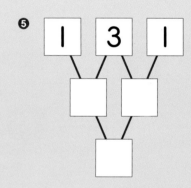

❻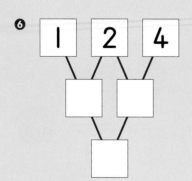

❼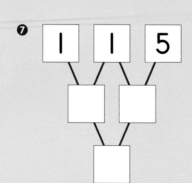

❽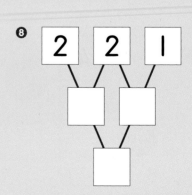

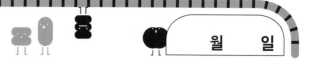

⊕ 모으기 한 것입니다. 빈칸에 알맞은 수를 써넣으시오.

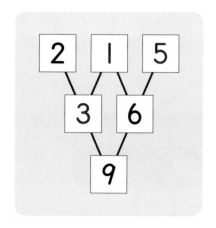

❶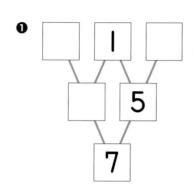

❷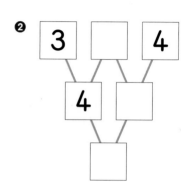

❸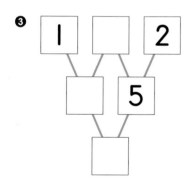

❹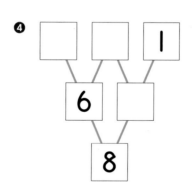

❺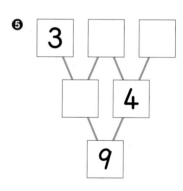

❻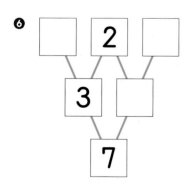

❼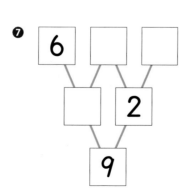

❽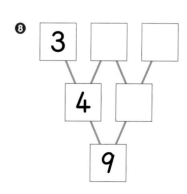

잘 공부했는지 알아봅시다

1 그림을 보고 빈칸에 알맞은 수를 써넣으시오.

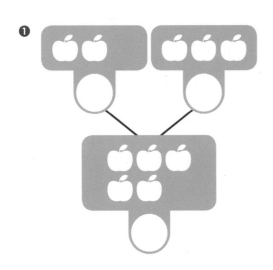

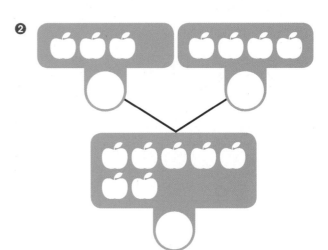

2 빈칸에 알맞은 수를 써넣으시오.

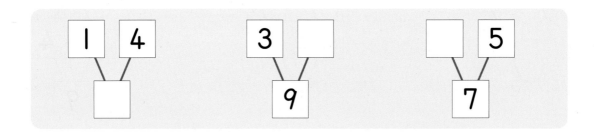

3 모으기를 하여 빈칸에 알맞은 수를 써넣으시오.

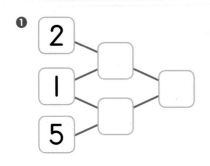

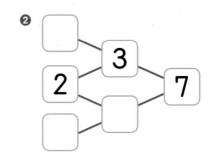

16

2 가르기

069 가르기

070 두 수 가르기

071 선 가르기

072 이중 가르기

가르기

● 가르기에 맞게 선을 그으시오.

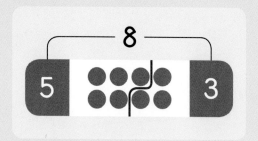

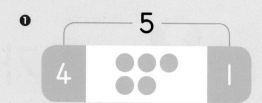

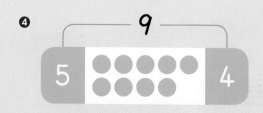

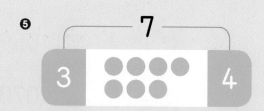

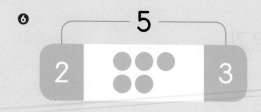

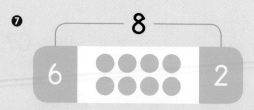

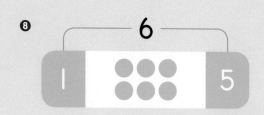

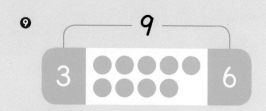

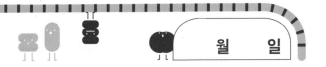

● 가르기에 맞게 선을 긋고 빈칸에 알맞은 수를 써넣으시오.

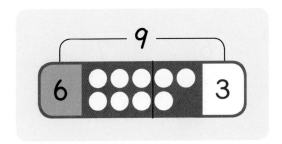

❶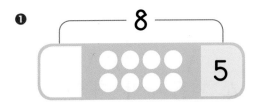

❷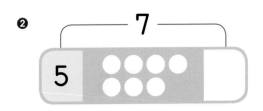

❸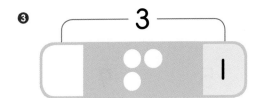

❹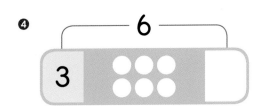

❺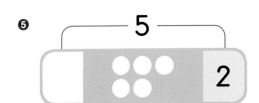

❻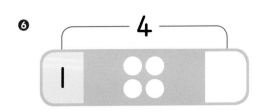

❼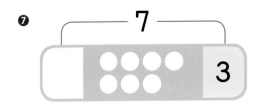

❽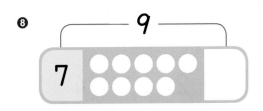

❾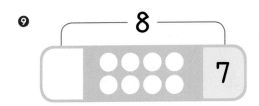

두 수 가르기

● 가르기 하여 빈칸에 알맞은 수를 써넣으시오.

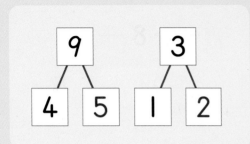

❶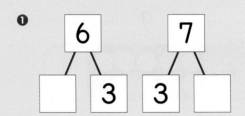

❷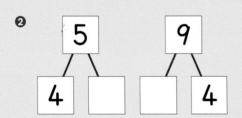

❸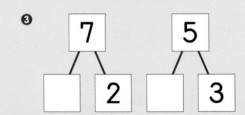

❹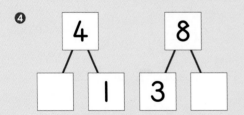

❺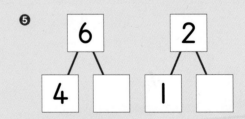

❻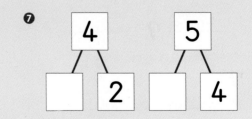

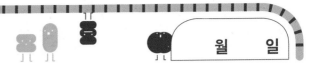

안의 수를 한 번씩 사용하여 두 수를 가르기 하시오.

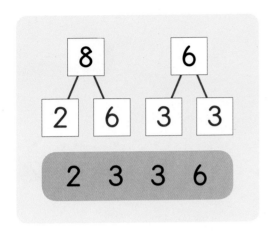

❶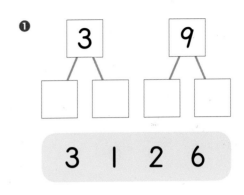

❷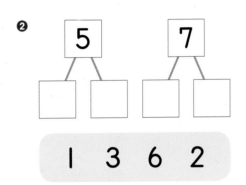

❸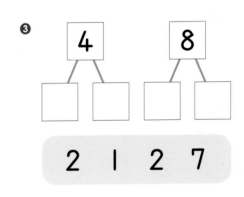

❹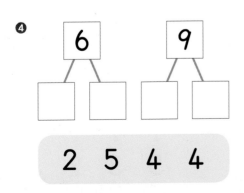

❺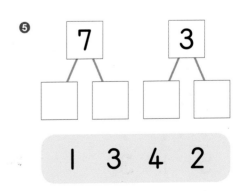

선 가르기

● 점을 연결하여 ● 안의 수를 가르기 하시오.

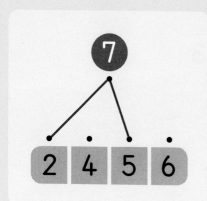

① 6

1	3	2	5

② 8

4	5	6	2

③ 5

6	3	2	1

④ 7

5	3	6	4

⑤ 4

1	2	3	4

⑥ 9

4	5	1	3

⑦ 8

3	7	2	5

⑧ 6

5	3	2	3

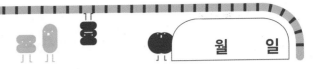

 월   일

● 점을 연결하여 두 수를 가르기 하시오.

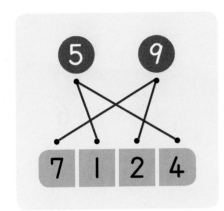

❶

6   8

4 1 7 2

❷

9   7

3 1 8 4

❸

9   5

6 3 1 4

❹

2   7

1 2 1 5

❺

8   4

3 4 1 4

❻

4   6

3 2 3 2

❼

3   9

4 1 5 2

❽

5   7

2 6 1 3

이중 가르기

❶ 수를 두 번 가른 것입니다. 빈칸에 알맞은 수를 써넣으시오.

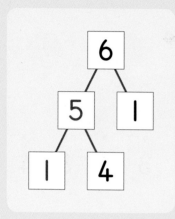

❶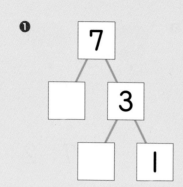

❷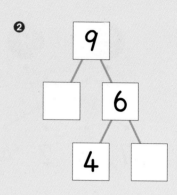

❸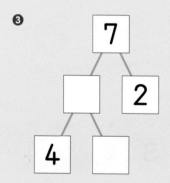

❹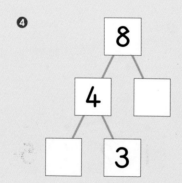

❺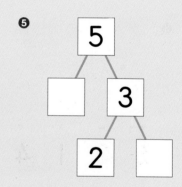

❻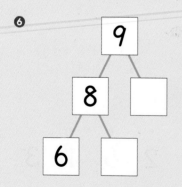

❼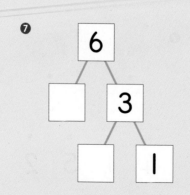

❽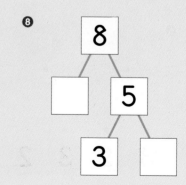

⊕ 빈칸에 알맞은 수를 써넣으시오.

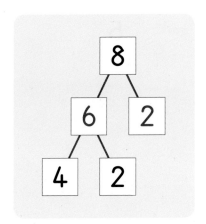

❶
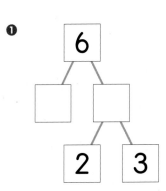

❷
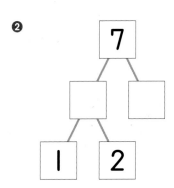

❸
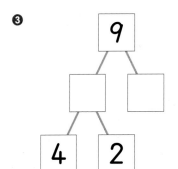

❹
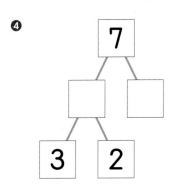

❺
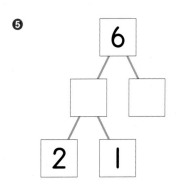

❻
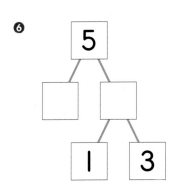

❼
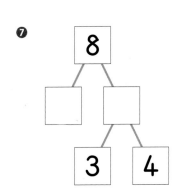

❽
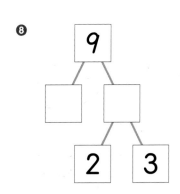

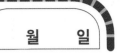
1 7을 가른 두 수에 맞게 선을 그으시오.

❶

❷

2 상자 안에 수를 알맞게 넣어 두 수를 가르기 하시오.

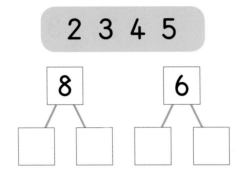

3 6을 세 가지 방법으로 나타내시오. 단, 작은 수부터 씁니다.

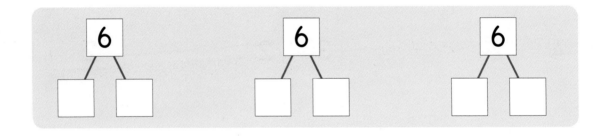

4 점을 연결하여 ● 안의 수를 가르기 하시오.

❶

❷

26

가르기와 모으기

073 가모 점잇기

074 가모

075 다중 가모

076 사방 가모

가모 점잇기

가르고 모아 ⬤ 안의 수가 되도록 선으로 이으시오.

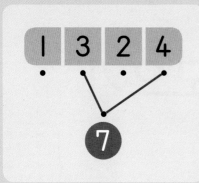

❶
6 4 3 2

5

❷
3 5 4 2

8

❸
2 3 4 5

6

❹
4 7 2 8

9

❺
1 4 5 6

7

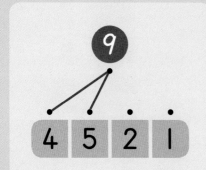

❻
7

5 4 6 3

❼
4

2 3 5 2

❽
8

1 2 6 4

❾
6

5 3 1 4

❿
5

3 6 1 4

✚ 가르고 모아 ● 안의 수가 되도록 선으로 이으시오.

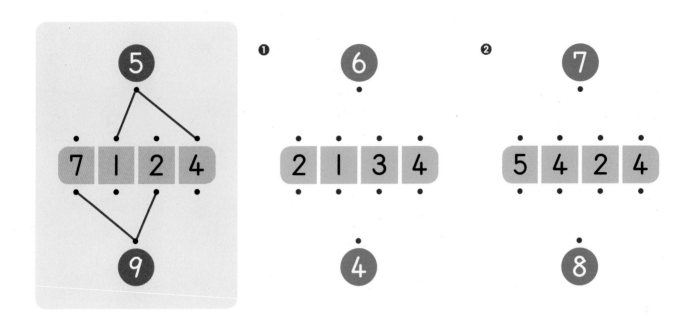

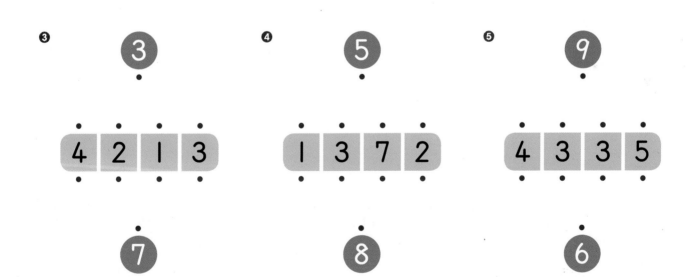

가모

● 가르고 모아 빈칸에 알맞은 수를 써넣으시오.

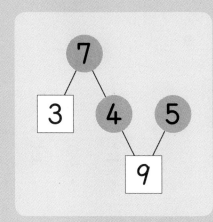

❶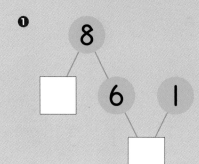

❷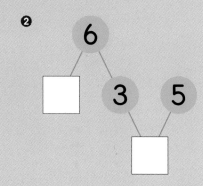

❸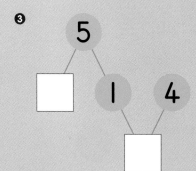

❹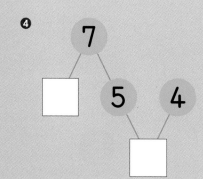

❺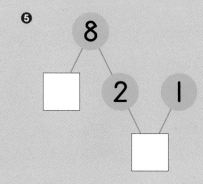

❻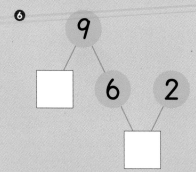

❼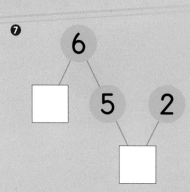

❽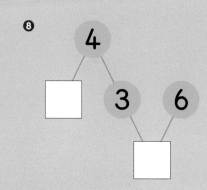

⊕ 가르고 모아 빈칸에 알맞은 수를 써넣으시오.

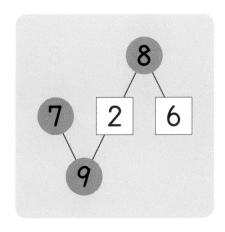

❶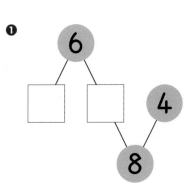

❷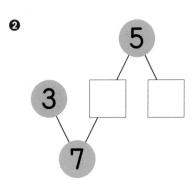

❸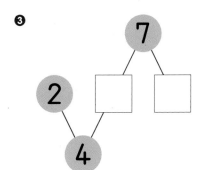

❹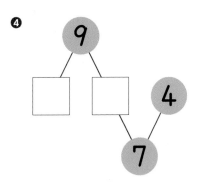

❺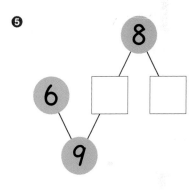

❻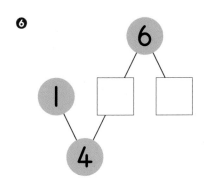

❼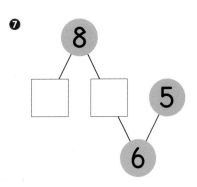

❽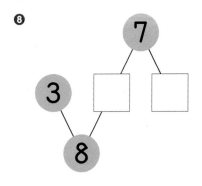

다중 가모

● 가르고 모아 빈칸에 알맞은 수를 써넣으시오.

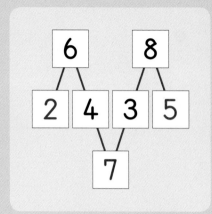

❶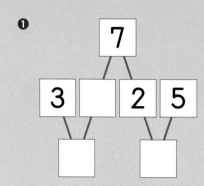

❷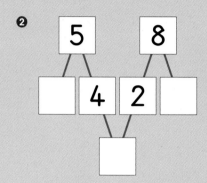

❸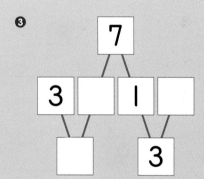

❹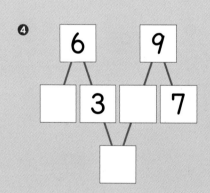

❺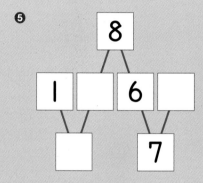

❻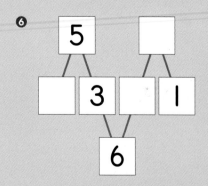

❼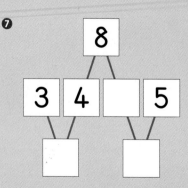

❽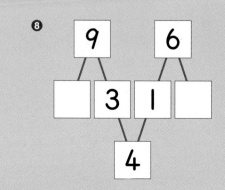

⊕ 가르고 모아 빈칸에 알맞은 수를 써넣으시오.

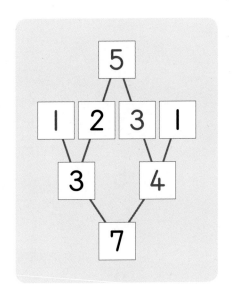

❶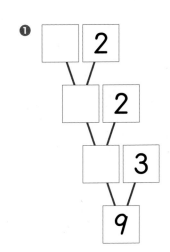

❷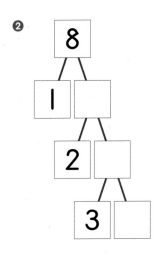

❸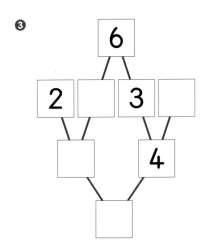

❹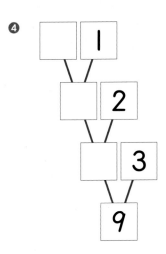

❺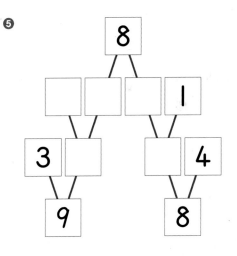

사방 가모

가르기 하여 빈칸에 알맞은 수를 써넣으시오.

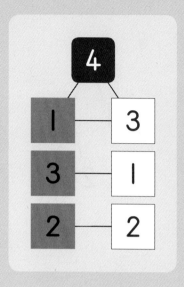

❶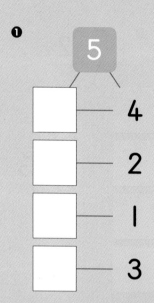

❷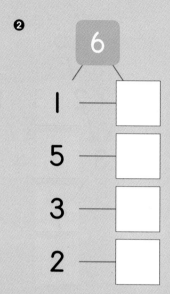

❸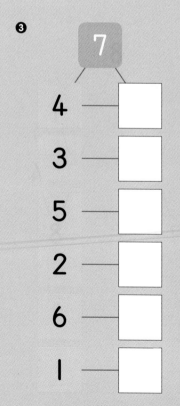

❹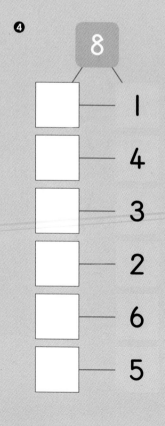

❺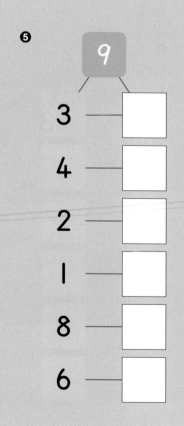

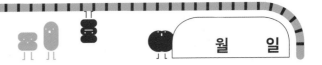

가르고 모아 빈칸에 알맞은 수를 써넣으시오.

❶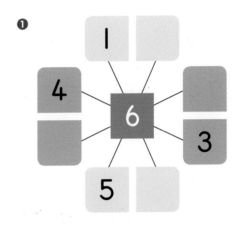

❷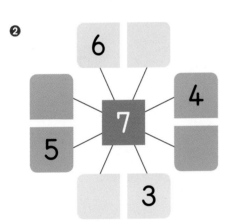

❸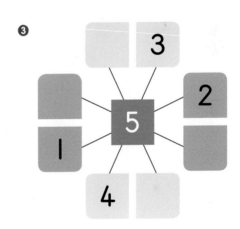

❹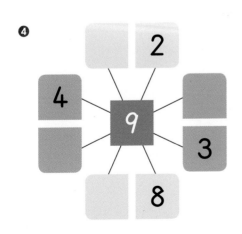

❺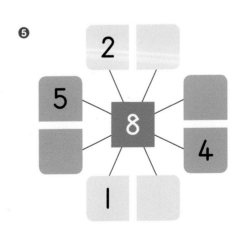

사고셈 ● 35

잘 공부했는지 알아봅시다

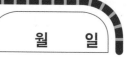

1 가르고 모아 ⬤ 안의 수가 되도록 선으로 이은 것입니다. 빈칸에 알맞은 수를 쓰시오.

❶
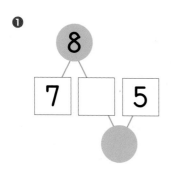

❷
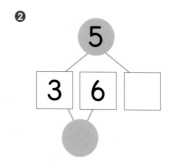

2 가르고 모아 빈칸에 알맞은 수를 써넣으시오.

❶
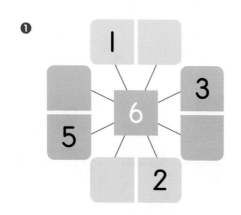

❷
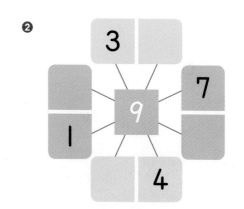

3 가르고 모아 빈칸에 알맞은 수를 써넣으시오.

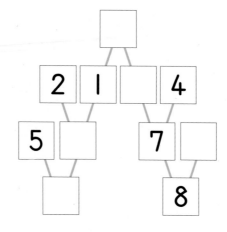

9까지의 덧셈

077 첨가셈

078 병합셈

079 바꾸어 더하기

080 다리 잇기

첨가셈

● 그림을 보고 빈칸에 알맞은 수를 써넣으시오.

4+3= 7

4에 3을 더하면 7 입니다.

①

3+2=☐

3 더하기 2는 ☐와 같습니다.

②

5+2=☐

③

3+6=☐

④

1+3=☐

1에 3을 더하면 ☐입니다.

⑤

2+4=☐

2 더하기 4는 ☐과 같습니다.

⑥

1+5=☐

⑦

7+1=☐

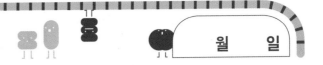

⊕ 그림을 보고 알맞은 덧셈식을 쓰시오.

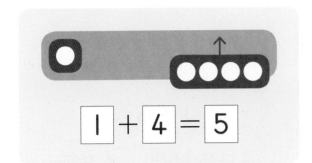

$$1 + 4 = 5$$

❶
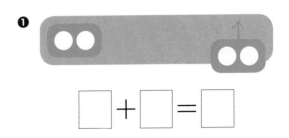

☐ + ☐ = ☐

❷
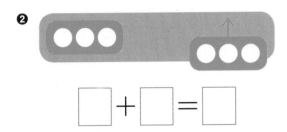

☐ + ☐ = ☐

❸
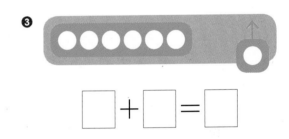

☐ + ☐ = ☐

❹
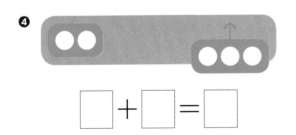

☐ + ☐ = ☐

❺
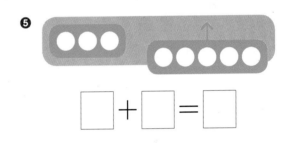

☐ + ☐ = ☐

❻
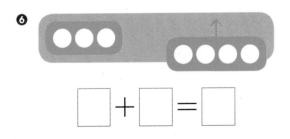

☐ + ☐ = ☐

❼
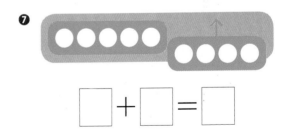

☐ + ☐ = ☐

❽
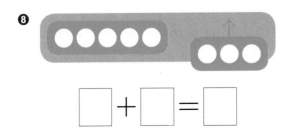

☐ + ☐ = ☐

❾
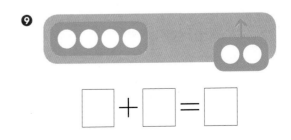

☐ + ☐ = ☐

병합셈

● 그림을 보고 빈칸에 알맞은 수를 써넣으시오.

$2+3=\boxed{5}$

2와 3의 합은 $\boxed{5}$ 입니다.

①

$1+6=\boxed{}$

1 더하기 6은 $\boxed{}$ 과 같습니다.

②

$2+5=\boxed{}$

③

$4+2=\boxed{}$

④

$4+4=\boxed{}$

4와 4의 합은 $\boxed{}$ 입니다.

⑤

$3+1=\boxed{}$

3 더하기 1은 $\boxed{}$ 와 같습니다.

⑥

$6+3=\boxed{}$

⑦

$2+7=\boxed{}$

⬥ 그림을 보고 덧셈식을 쓰시오.

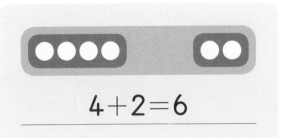

$4+2=6$

❶

❷

❸

❹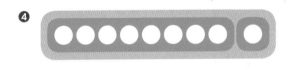

❺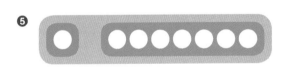

❻

❼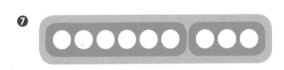

❽

❾

바꾸어 더하기

● 두 수를 바꾸어 더한 것입니다. ☐ 안에 알맞은 수를 써넣으시오.

$2 + 6 = \boxed{8}$
$6 + 2 = \boxed{8}$

❶ $3 + 4 = \boxed{}$
$4 + 3 = \boxed{}$

❷ $1 + 2 = \boxed{}$
$2 + 1 = \boxed{}$

❸ $4 + 2 = \boxed{}$
$2 + 4 = \boxed{}$

❹ $4 + 1 = \boxed{}$
$1 + 4 = \boxed{}$

❺ $3 + 6 = \boxed{}$
$6 + 3 = \boxed{}$

❻ $5 + 3 = \boxed{}$
$3 + 5 = \boxed{}$

❼ $2 + 5 = \boxed{}$
$5 + 2 = \boxed{}$

❽ $2 + 3 = \boxed{}$
$3 + 2 = \boxed{}$

❾ $1 + 3 = \boxed{}$
$3 + 1 = \boxed{}$

❿ $4 + 5 = \boxed{}$
$5 + 4 = \boxed{}$

⓫ $7 + 1 = \boxed{}$
$1 + 7 = \boxed{}$

🞕 주어진 수를 사용하여 덧셈식을 두 개 만드시오.

6 9 3

$3 + 6 = 9$
$6 + 3 = 9$

❶ **4 2 6**

☐ + ☐ = ☐
☐ + ☐ = ☐

❷ **4 7 3**

☐ + ☐ = ☐
☐ + ☐ = ☐

❸ **4 1 3**

☐ + ☐ = ☐
☐ + ☐ = ☐

❹ **6 8 2**

☐ + ☐ = ☐
☐ + ☐ = ☐

❺ **1 5 4**

☐ + ☐ = ☐
☐ + ☐ = ☐

❻ **8 3 5**

☐ + ☐ = ☐
☐ + ☐ = ☐

❼ **9 7 2**

☐ + ☐ = ☐
☐ + ☐ = ☐

❽ **7 2 5**

☐ + ☐ = ☐
☐ + ☐ = ☐

다리 잇기

계산을 한 다음 알맞게 선으로 이으시오.

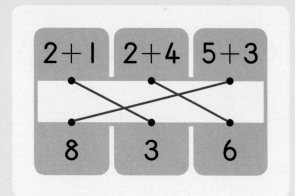

2+1	2+4	5+3
8	3	6

❶
3+4	3+3	2+3
7	5	6

❷
2+6	1+5	1+3
6	4	8

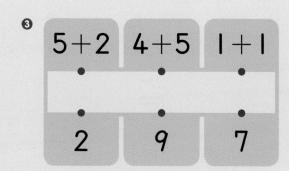

❸
5+2	4+5	1+1
2	9	7

❹
3+1	4+4	3+6
8	4	9

❺
5+3	2+7	2+1
3	8	9

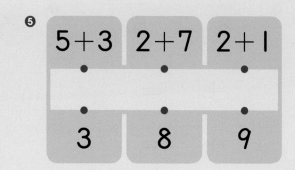

✚ 계산 결과가 같은 것끼리 선으로 이으시오.

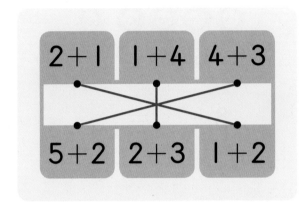

❶
6+1	1+7	2+3
4+4	4+1	3+4

❷
3+5	2+7	1+5
4+5	7+1	5+1

❸
2+4	3+4	8+1
3+6	5+1	1+6

❹
4+5	6+2	2+5
5+2	6+3	4+4

❺
3+3	1+3	4+3
5+2	2+2	5+1

잘 공부했는지 알아봅시다

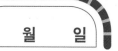

1 그림을 보고 덧셈식을 쓰시오.

❶

$$5+1=\boxed{}$$

❷

$$8+\boxed{}=\boxed{}$$

2 그림을 보고 덧셈을 하시오.

❶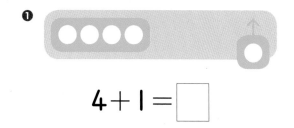

$$4+1=\boxed{}$$

❷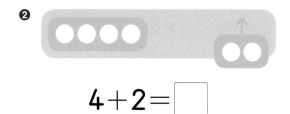

$$4+2=\boxed{}$$

3 그림을 보고 □ 안에 알맞은 수를 써넣으시오.

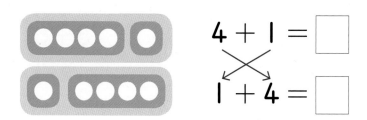

$$4+1=\boxed{}$$
$$1+4=\boxed{}$$

4 계산 결과가 같은 것끼리 선으로 이으시오.

3+2	1+6	4+5
8+1	2+3	5+2

5

두 수의 합

081 계산기

082 무게셈

083 막대셈

084 과녁셈

081 계산기

● 칠해진 자판을 눌러 덧셈한 것입니다. 계산 결과를 빈칸에 써넣으시오.

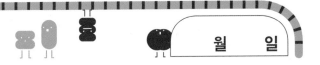

◆ 계산 결과를 보고 숫자 두 개를 ☐ 안에 써넣으시오. 단 작은 수부터 씁니다.

(1, 5)
(2, 4)
(3, 3)

❶

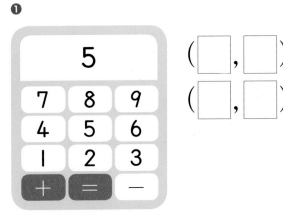

(☐ , ☐)
(☐ , ☐)

❷

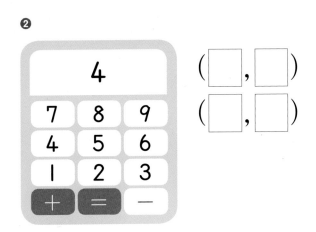

(☐ , ☐)
(☐ , ☐)

❸

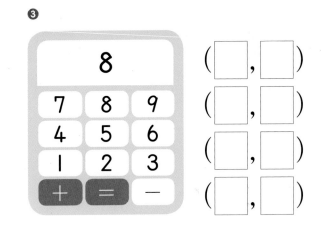

(☐ , ☐)
(☐ , ☐)
(☐ , ☐)
(☐ , ☐)

❹

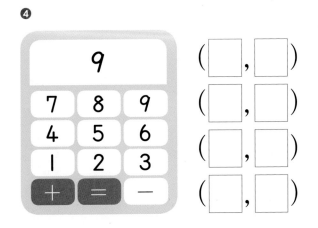

(☐ , ☐)
(☐ , ☐)
(☐ , ☐)
(☐ , ☐)

❺

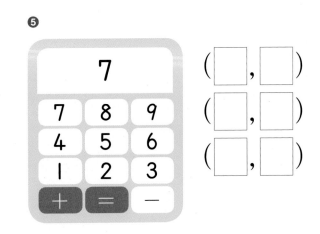

(☐ , ☐)
(☐ , ☐)
(☐ , ☐)

무게셈

양팔저울이 평형을 이룹니다. 빈칸에 알맞은 수를 써넣으시오.

❶

❷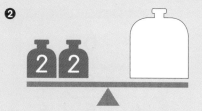

❸

❹

❺

❻

❼

❽

❾

❿

⓫

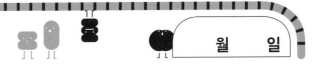

◆ 🔲 안의 세 수를 빈칸에 써넣으시오. 사용하지 않는 수는 ×표 합니다.

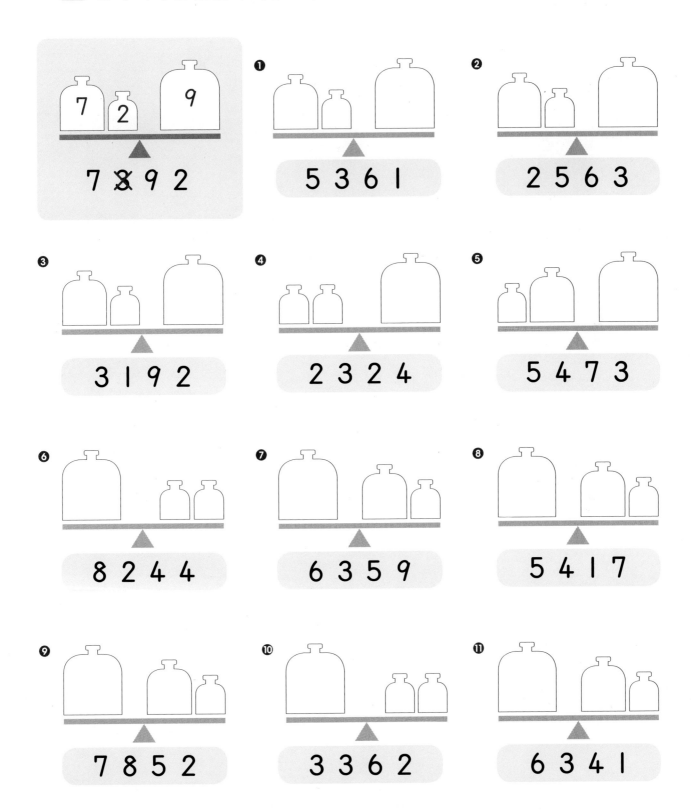

7 ×̶ 9 2

❶ 5 3 6 1

❷ 2 5 6 3

❸ 3 1 9 2

❹ 2 3 2 4

❺ 5 4 7 3

❻ 8 2 4 4

❼ 6 3 5 9

❽ 5 4 1 7

❾ 7 8 5 2

❿ 3 3 6 2

⓫ 6 3 4 1

막대셈

◑ 선으로 이어진 두 수의 합을 구하시오.

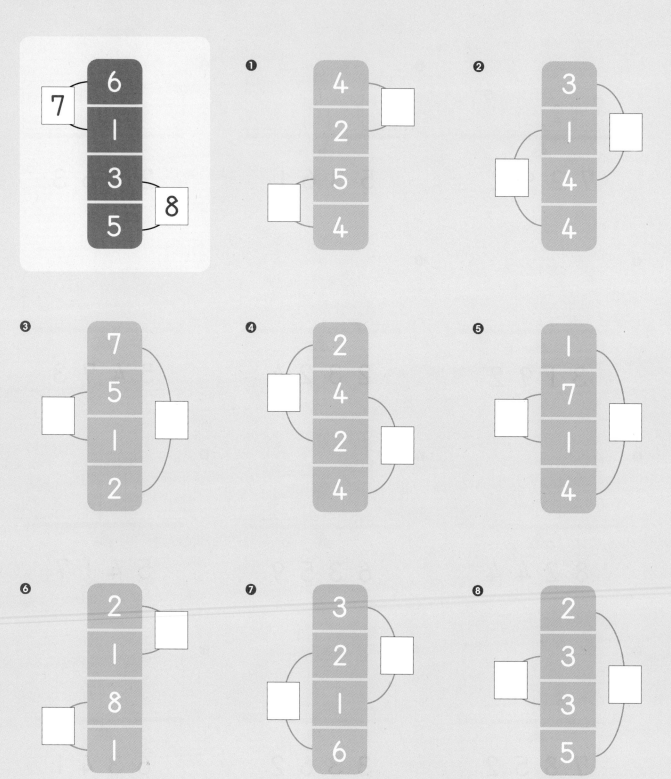

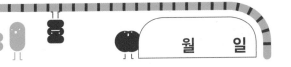

⊕ 합이 같도록 두 수를 선으로 잇고, 합을 쓰시오.

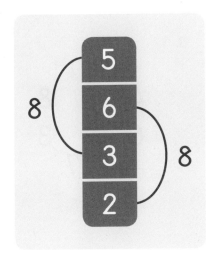

❶
| 3 |
| 5 |
| 2 |
| 4 |

❷
| 4 |
| 2 |
| 3 |
| 1 |

❸
| 3 |
| 1 |
| 5 |
| 3 |

❹
| 6 |
| 2 |
| 7 |
| 3 |

❺
| 1 |
| 2 |
| 3 |
| 2 |

❻
| 1 |
| 6 |
| 2 |
| 5 |

❼
| 3 |
| 7 |
| 1 |
| 5 |

❽
| 5 |
| 3 |
| 6 |
| 4 |

사고셈 ● 53

과녁셈

◑ 화살이 꽂힌 부분의 수의 합을 가운데 ○ 안에 써넣으시오.

❶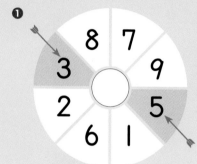

❷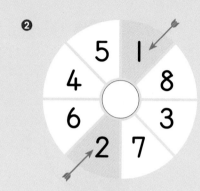

❸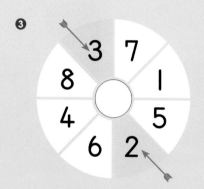

❹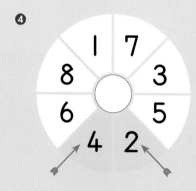

❺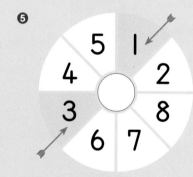

❻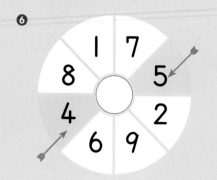

❼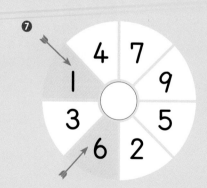

❽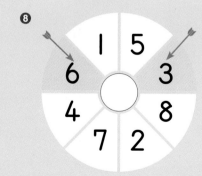

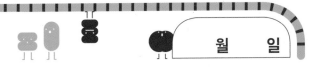

수의 합이 가운데 수가 되도록 두 수에 ◯표 하시오.

❶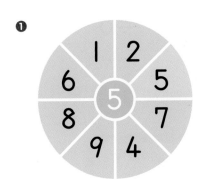

❷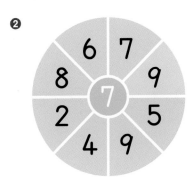

❸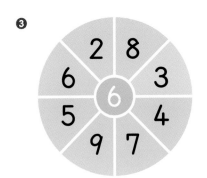

❹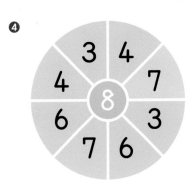

❺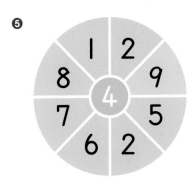

❻

❼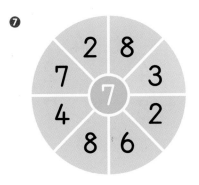

❽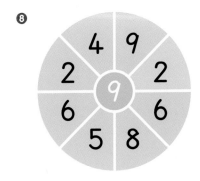

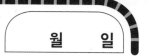
잘 공부했는지 알아봅시다

1 합이 **6**인 덧셈식을 **4**개 만드시오. 단, 큰 수를 앞에 씁니다.

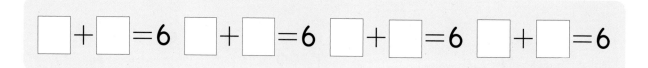

☐ + ☐ = 6   ☐ + ☐ = 6   ☐ + ☐ = 6   ☐ + ☐ = 6

2 두 수의 합을 구한 것입니다. 계산 결과를 보고 두 수를 찾아 빈칸에 쓰시오.

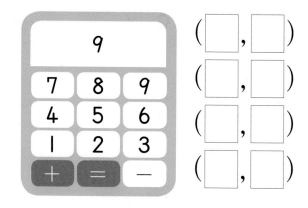

(☐ , ☐)

(☐ , ☐)

(☐ , ☐)

(☐ , ☐)

3 합이 같도록 두 수를 선으로 잇고 합을 쓰시오.

❶

1 2 2 3

❷

1 5 7 3

4 수의 합이 가운데 수가 되도록 두 수에 ◯표 하시오.

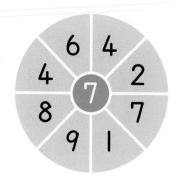

6 □가 있는 덧셈 (1)

085 그림 네모셈

086 네모셈

087 도미노 연산

088 비행기

그림 네모셈

● □ 안에 들어갈 수만큼 ○표 하고, 알맞은 수를 써넣으시오.

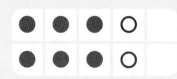

$6 + \boxed{2} = 8$

❶ $4 + \square = 7$

❷ $1 + \square = 6$

❸ $3 + \square = 4$

❹ $2 + \square = 6$

❺ $7 + \square = 8$

❻ $1 + \square = 3$

❼ $5 + \square = 8$

❽ $2 + \square = 5$

❾ $3 + \square = 9$

❿ $2 + \square = 7$

⓫ $8 + \square = 9$

◉ □ 안에 들어갈 수만큼 ◯표 하고, 알맞은 수를 써넣으시오.

$\boxed{4}+3=7$

❶

$\boxed{}+4=9$

❷

$\boxed{}+2=8$

❸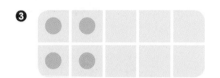

$\boxed{}+2=4$

❹

$\boxed{}+1=7$

❺

$\boxed{}+4=5$

❻

$\boxed{}+7=8$

❼

$\boxed{}+1=6$

❽

$\boxed{}+5=7$

❾

$\boxed{}+2=9$

❿

$\boxed{}+3=8$

⓫

$\boxed{}+5=9$

네모셈

● □ 안에 들어갈 수에 ○표 하고, 알맞은 수를 써넣으시오.

$5 + \boxed{2} = 7$

1 3 ②

❶ $6 + \boxed{} = 9$

3 4 2

❷ $4 + \boxed{} = 5$

2 1 3

❸ $\boxed{} + 2 = 8$

6 7 5

❹ $\boxed{} + 2 = 7$

6 5 4

❺ $\boxed{} + 4 = 6$

4 3 2

$\boxed{4}$
$+\ 4$
___
$\ 8$

6 5 ④

❻
$\boxed{}$
$+\ 6$
___
$\ 8$

4 3 2

❼
$\boxed{}$
$+\ 2$
___
$\ 7$

5 7 6

❽
$\ 7$
$+\ \boxed{}$
___
$\ 8$

2 1 3

❾
$\ 2$
$+\ \boxed{}$
___
$\ 5$

3 1 2

❿
$\ 2$
$+\ \boxed{}$
___
$\ 9$

6 5 7

✦ ☐ 안에 알맞은 수를 써넣으시오.

$6 + \boxed{2} = 8$

$\boxed{2} + 6 = 8$

❶ $3 + \boxed{} = 5$

$\boxed{} + 3 = 5$

❷ $1 + \boxed{} = 7$

$\boxed{} + 1 = 7$

❸ $4 + \boxed{} = 9$

$\boxed{} + 4 = 9$

❹ $2 + \boxed{} = 3$

$\boxed{} + 2 = 3$

❺ $1 + \boxed{} = 4$

$\boxed{} + 1 = 4$

$$\begin{array}{r} 5 \\ + \boxed{2} \\ \hline 7 \end{array} \qquad \begin{array}{r} \boxed{2} \\ + 5 \\ \hline 7 \end{array}$$

❻ $$\begin{array}{r} 2 \\ + \boxed{} \\ \hline 6 \end{array} \qquad \begin{array}{r} \boxed{} \\ + 2 \\ \hline 6 \end{array}$$

❼ $$\begin{array}{r} 1 \\ + \boxed{} \\ \hline 9 \end{array} \qquad \begin{array}{r} \boxed{} \\ + 1 \\ \hline 9 \end{array}$$

❽ $$\begin{array}{r} 5 \\ + \boxed{} \\ \hline 9 \end{array} \qquad \begin{array}{r} \boxed{} \\ + 5 \\ \hline 9 \end{array}$$

❾ $$\begin{array}{r} 3 \\ + \boxed{} \\ \hline 8 \end{array} \qquad \begin{array}{r} \boxed{} \\ + 3 \\ \hline 8 \end{array}$$

❿ $$\begin{array}{r} 6 \\ + \boxed{} \\ \hline 7 \end{array} \qquad \begin{array}{r} \boxed{} \\ + 6 \\ \hline 7 \end{array}$$

도미노 연산

● □ 안에 알맞은 수를 써넣으시오.

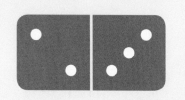

2+3= 5

❶

4+5=☐

❷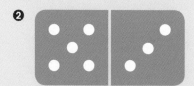

5+3=☐

❸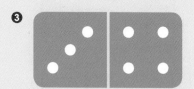

3+4=☐

❹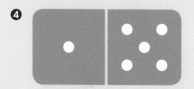

1+5=☐

❺

8+1=☐

❻

4+4=☐

❼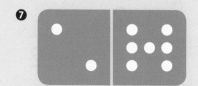

2+7=☐

❽

6+2=☐

❾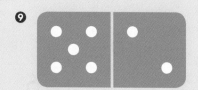

5+2=☐

❿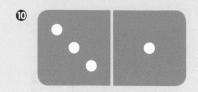

3+1=☐

⓫

1+6=☐

 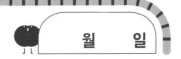

● 도미노에 ○를 알맞게 그리고, □ 안에 알맞은 수를 써넣으시오.

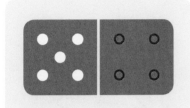

$5 + \boxed{4} = 9$

❶

$\boxed{} + 2 = 7$

❷

$3 + \boxed{} = 6$

❸

$1 + \boxed{} = 8$

❹

$\boxed{} + 5 = 7$

❺

$2 + \boxed{} = 3$

❻

$3 + \boxed{} = 5$

❼

$\boxed{} + 2 = 6$

❽

$3 + \boxed{} = 9$

❾

$4 + \boxed{} = 8$

❿

$\boxed{} + 3 = 9$

⓫

$2 + \boxed{} = 7$

비행기

● 덧셈식에 맞게 ○표 하시오.

2
3 + ④ = 7
3

❶
3
2 + 2 = 5
4

❷
6
3 + 4 = 8
5

❸
2
5 + 4 = 9
3

❹
7
2 + 8 = 9
6

❺
4
2 + 6 = 7
5

❻
2
5 + 3 = 6
1

❼
3
7 + 1 = 9
2

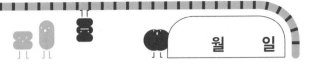

✚ 빈칸에 알맞은 수를 써넣으시오.

$$5 + \begin{matrix}3\\1\\4\end{matrix} = \begin{matrix}8\\6\\9\end{matrix}$$

❶
$$3 + \square = \begin{matrix}5\\9\\6\end{matrix}$$

❷
$$4 + \square = \begin{matrix}5\\7\\8\end{matrix}$$

❸
$$2 + \square = \begin{matrix}3\\4\\7\end{matrix}$$

❹
$$1 + \square = \begin{matrix}4\\2\\9\end{matrix}$$

❺
$$4 + \square = \begin{matrix}8\\6\\5\end{matrix}$$

❻
$$3 + \square = \begin{matrix}6\\8\\4\end{matrix}$$

❼
$$6 + \square = \begin{matrix}9\\7\\8\end{matrix}$$

1 □ 안에 들어갈 수 만큼 ○표 하고, 알맞은 수를 써넣으시오.

❶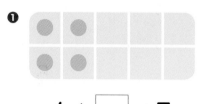

$4 + \boxed{} = 7$

❷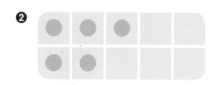

$5 + \boxed{} = 9$

2 □ 안에 알맞은 수를 써넣으시오.

❶ $6 + \boxed{} = 8$

$\boxed{} + 6 = 8$

❷ $1 + \boxed{} = 3$

$\boxed{} + 1 = 3$

❸ $1 + \boxed{} = 8$

$\boxed{} + 1 = 8$

3 도미노에 ○를 알맞게 그리고, □ 안에 알맞은 수를 써넣으시오.

❶ $\boxed{} + 3 = 4$

❷ $\boxed{} + 4 = 8$

4 빈칸에 알맞은 수를 써넣으시오.

$$5 \ + \ \boxed{} \ = \quad \begin{matrix} 7 \\ 8 \\ 6 \end{matrix}$$

□가 있는 덧셈 (2)

089 상자셈

090 두 막대

091 계단셈

092 원형셈

상자셈

● □ 안에 알맞은 수를 써넣으시오.

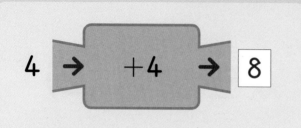

4 → +4 → 8

❶ 3 → +2 → □

❷ 2 → +1 → □

❸ 1 → +5 → □

❹ 5 → +2 → □

❺ 2 → +2 → □

❻ 3 → +5 → □

❼ 5 → +4 → □

❽ 2 → +4 → □

❾ 4 → +3 → □

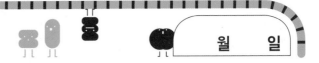
● ☐ 안에 알맞은 수를 써넣으시오.

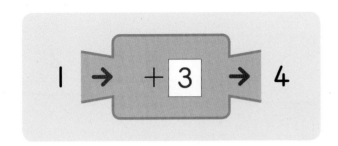

$1 \rightarrow +3 \rightarrow 4$

❶

$1 \rightarrow +\boxed{} \rightarrow 3$

❷

$6 \rightarrow +\boxed{} \rightarrow 8$

❸

$2 \rightarrow +\boxed{} \rightarrow 5$

❹

$4 \rightarrow +\boxed{} \rightarrow 9$

❺

$3 \rightarrow +\boxed{} \rightarrow 7$

❻

$5 \rightarrow +\boxed{} \rightarrow 6$

❼

$2 \rightarrow +\boxed{} \rightarrow 9$

❽

$1 \rightarrow +\boxed{} \rightarrow 7$

❾

$5 \rightarrow +\boxed{} \rightarrow 8$

두 막대

● 빈칸에 알맞은 수를 써넣으시오.

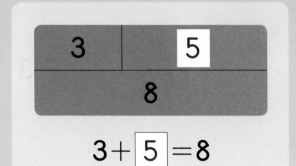

$$3 + \boxed{5} = 8$$

①

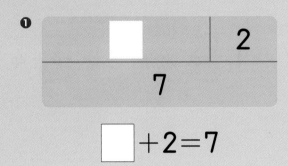

$$\boxed{} + 2 = 7$$

②

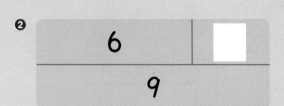

$$6 + \boxed{} = 9$$

③

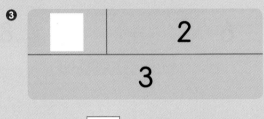

$$\boxed{} + 2 = 3$$

④

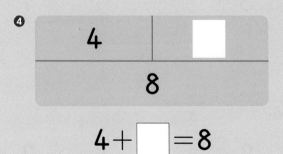

$$4 + \boxed{} = 8$$

⑤

$$\boxed{} + 3 = 6$$

⑥

$$1 + \boxed{} = 5$$

⑦

$$\boxed{} + 2 = 9$$

✦ 빈칸에 알맞은 수를 써넣으시오.

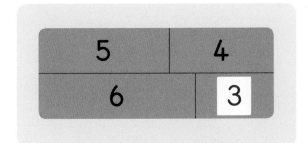

| 5 | 4 |
| 6 | 3 |

❶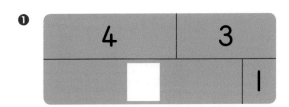

| 4 | 3 |
| □ | 1 |

❷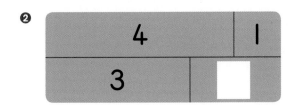

| 4 | 1 |
| 3 | □ |

❸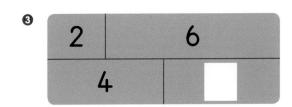

| 2 | 6 |
| 4 | □ |

❹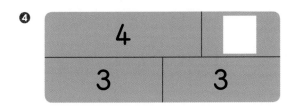

| 4 | □ |
| 3 | 3 |

❺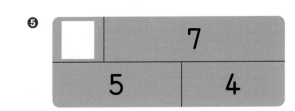

| □ | 7 |
| 5 | 4 |

❻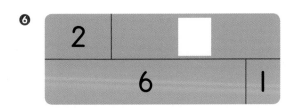

| 2 | □ |
| 6 | 1 |

❼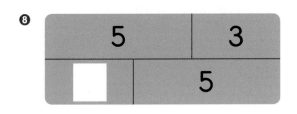

| 6 | 2 |
| 3 | □ |

❽

| 5 | 3 |
| □ | 5 |

❾

| □ | 3 |
| 7 | 2 |

● 빈칸에 알맞은 수를 써넣으시오.

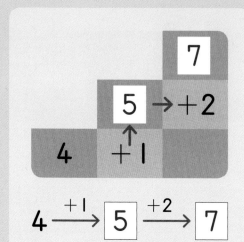

$$4 \xrightarrow{+1} \boxed{5} \xrightarrow{+2} \boxed{7}$$

❶

2 → +3 | 2 +2

$$2 \xrightarrow{+2} \boxed{} \xrightarrow{+3} \boxed{}$$

❷

→ +2 | 6 +1

$$6 \xrightarrow{+1} \boxed{} \xrightarrow{+2} \boxed{}$$

❸

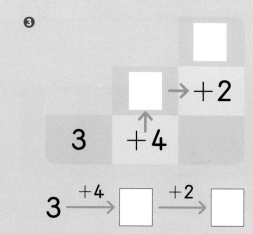

$$3 \xrightarrow{+4} \boxed{} \xrightarrow{+2} \boxed{}$$

❹

→ +4 | 1 +3

$$1 \xrightarrow{+3} \boxed{} \xrightarrow{+4} \boxed{}$$

❺

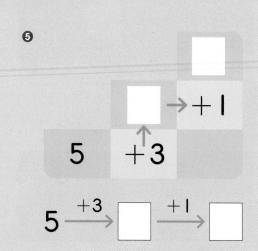

$$5 \xrightarrow{+3} \boxed{} \xrightarrow{+1} \boxed{}$$

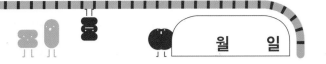

➕ 빈칸에 알맞은 수를 써넣으시오.

$$5 \xrightarrow{+\boxed{1}} 6 \xrightarrow{+\boxed{2}} 8$$

❶
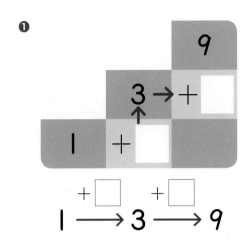

$$1 \xrightarrow{+\square} 3 \xrightarrow{+\square} 9$$

❷
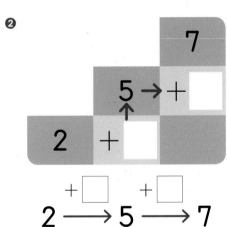

$$2 \xrightarrow{+\square} 5 \xrightarrow{+\square} 7$$

❸
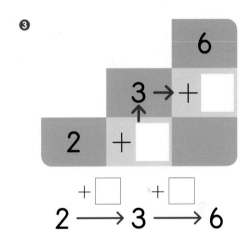

$$2 \xrightarrow{+\square} 3 \xrightarrow{+\square} 6$$

❹
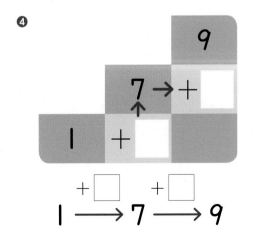

$$1 \xrightarrow{+\square} 7 \xrightarrow{+\square} 9$$

❺
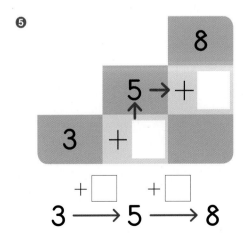

$$3 \xrightarrow{+\square} 5 \xrightarrow{+\square} 8$$

원형셈

● 두 수의 합을 빈칸에 써넣으시오.

①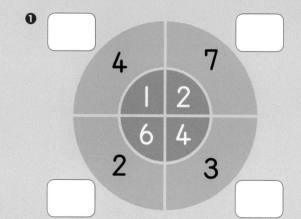

②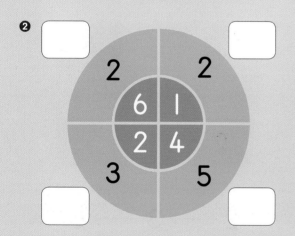

③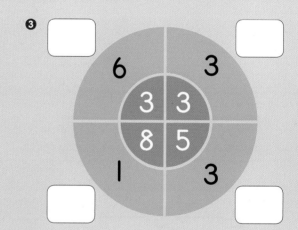

④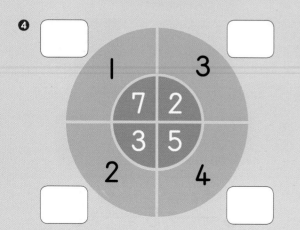

⑤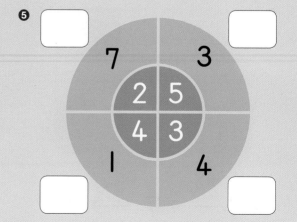

➕ 빈칸에 알맞은 수를 써넣으시오.

1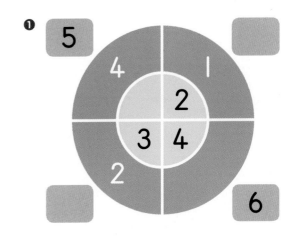

2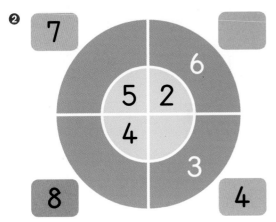

3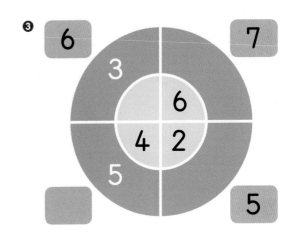

4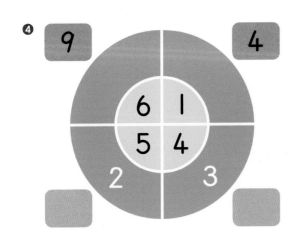

5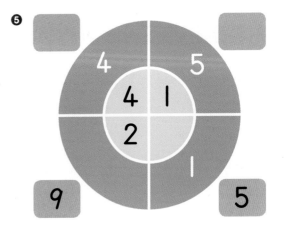

잘 공부했는지 알아봅시다

1 상자의 빈칸에 알맞은 수를 써넣으시오.

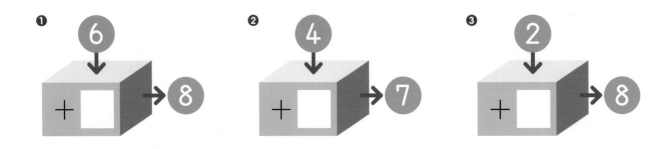

2 빈칸에 알맞은 수를 써넣으시오.

❶

5		3
	6	

❷

1		8
	4	

3 빈칸에 알맞은 수를 써넣으시오.

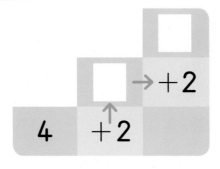

8

문제 해결 덧셈

093 다이아몬드

094 매트릭스

095 수 묶기

096 미로 통과

다이아몬드

● 선으로 연결된 두 수의 합을 빈칸에 써넣으시오.

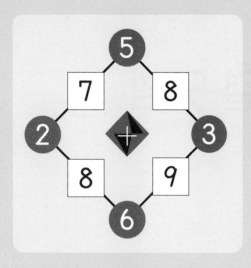

①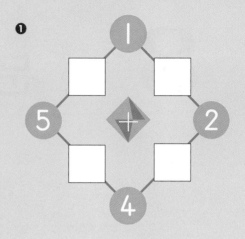

②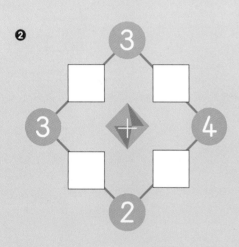

③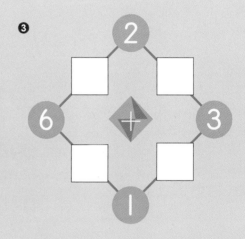

④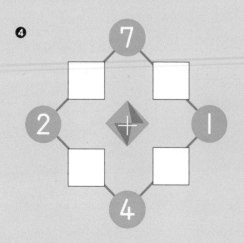

⑤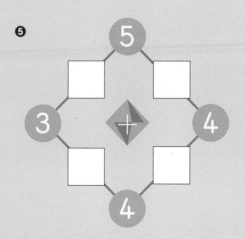

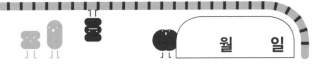

월 일

⊕ 두 수의 합이 선 위의 수가 되도록 빈칸에 알맞은 수를 써넣으시오.

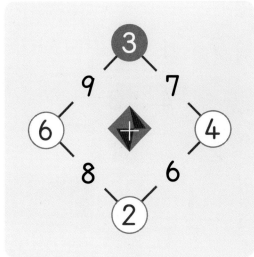

❶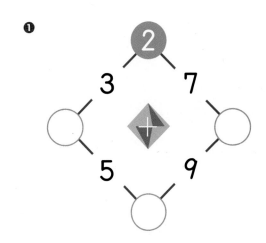

❷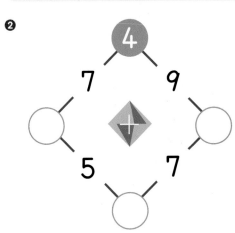

❸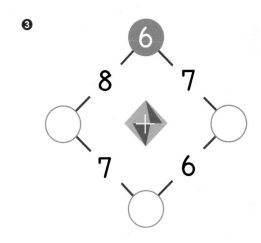

❹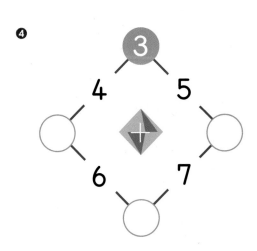

❺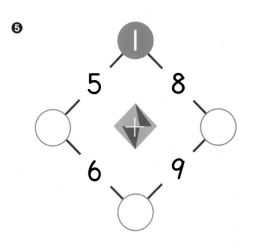

매트릭스

● 가로, 세로로 두 수씩 더하여 빈칸을 채우시오.

4	3		7
5		1	6
	6	2	8
9	9	3	+

❶

7	1		
	4	3	
2		1	
			+

❷

	3	2	
3	6		
5		4	
			+

❸

	5	1	
2		7	
3	3		
			+

❹

2		6	
	8	1	
3	1		
			+

❺

5		2	
3	4		
	5	1	
			+

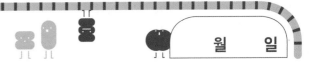

가로, 세로로 두 수씩 더하여 빈칸을 채우시오.

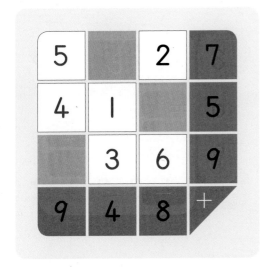

예시 (좌상단)

5		2	7
4	1		5
	3	6	9
9	4	8	+

❶

			8
			6
		4	7
9	3		+

❷

			5
		3	
			8
7	4	7	+

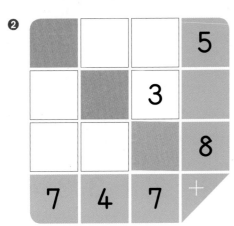

❸

	7		9
			7
9	8	6	+

❹

		3	4
			3
			8
6	5		+

❺

			9
			9
	2		3
7	6		+

095 수 묶기

이웃한 두 수의 합이 ● 안의 수가 되도록 ◯로 묶으시오.

8   3 ②⑥ 1 1

① 6   1 2 1 3 3

② 7   5 1 2 4 3

③ 4   1 3 2 1 2

④ 5   4 3 2 2 1

⑤ 8   5 2 4 5 3

⑥ 9   2 7 4 1 2

⑦ 7   2 1 3 3 4

⑧ 6   5 3 1 2 4

⑨ 9   1 6 3 5 1

⑩ 8   4 3 3 2 6

⑪ 7   5 2 3 2 4

⊕ 이웃한 두 수의 합이 ◖ 안의 수가 되도록 ◯로 묶으시오.

6

(4	2)	3
3	1	(1
6	2	5)

❶ 7

1	3	4
8	5	1
7	2	4

❷ 5

2	6	3
1	4	2
3	5	7

❸ 8

4	3	5
7	2	1
1	4	8

❹ 6

4	3	3
1	2	5
6	3	1

❺ 4

1	3	2
1	4	2
1	2	3

❻ 7

1	6	2
3	5	1
6	2	7

❼ 9

4	4	6
6	5	5
6	3	7

❽ 8

3	4	5
7	4	6
2	6	3

미로 통과

◑ 계산에 맞게 선을 그어 미로를 통과하시오.

출발
↓

4+5	9	3+4	6	1+6	7	2+3	5	7+2
8		7		9		6		9
2+3	5	6+2	8	1+3	3	1+1	2	3+2
4		6		4		5		4
5+4	8	1+4	9	3+5	7	6+3	6	5+1
9		5		8		9		8
4+3	7	3+2	6	4+1	5	3+3	6	7+2
8		5		9		7		9
1+5	6	4+4	8	3+2	4	7+2	8	도착

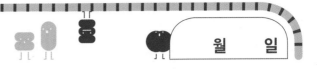

✛ 사자, 여우, 너구리, 곰이 먹이 창고에 도착하도록 계산에 맞게 길을 그리시오.

3+2	6	4+3	3	2+7	8	3+3	5	1+4
5		7		5		6		7
4+4	8	2+7	6	1+3	3	2+1	8	5+3
4		9		4		2		4
2+1	6	3+4	7		7	5+2	5	3+2
3		8		5		9		6
4+3	7	5+2	6	4+1	7	3+6	8	5+1
6		5		9		4		9
3+5	8	4+2	6	5+4	7	1+8	8	3+6

잘 공부했는지 알아봅시다

1 선으로 연결된 두 수의 합을 빈칸에 써넣으시오.

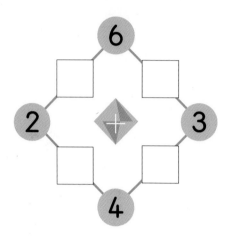

2 이웃한 두 수의 합이 ● 안의 수가 되도록 ◯로 묶으시오.

❶ **8**   7 2 5 3 4

❷ **9**   2 8 1 7 6

3 합이 **8**이 되는 칸을 색칠해 보고 어떤 숫자가 보이는지 쓰시오.

3+2	7+1	6+5	6+3	1+2
8+1	5+3	4+2	4+4	6+0
2+2	8+0	2+6	1+7	3+5
9+9	1+4	5+4	6+2	4+3

MEMO

사고력

정답 및 해설
Guide Book

6세 3호
합이 9까지인 덧셈

능률

NE

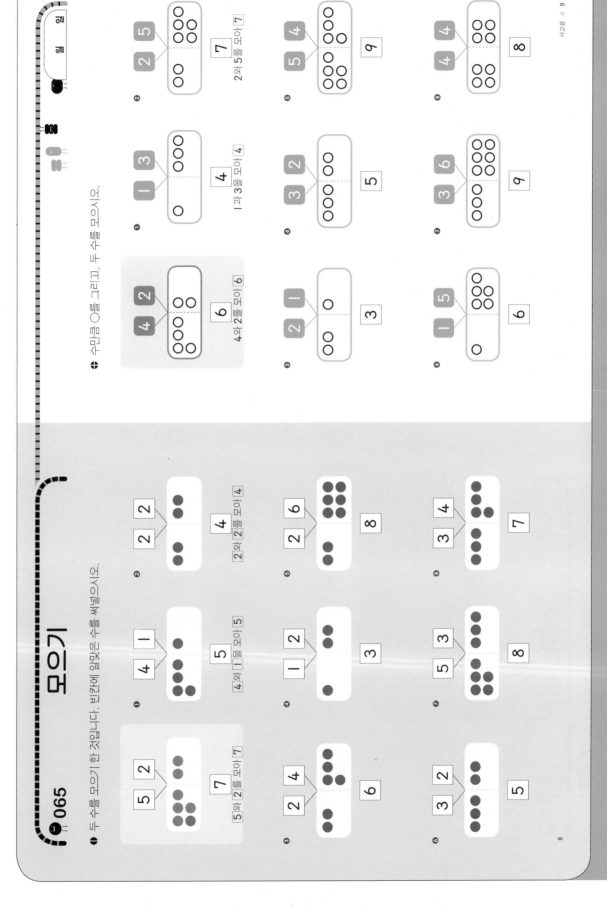

① 주차

● 066 사방 모으기

● 세 방향으로 두 수를 모으시오.

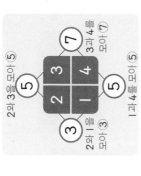

2와 3을 모아 ⑤
3과 4를 모아 ⑦
2와 4를 모아 ⑥

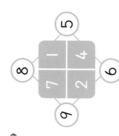

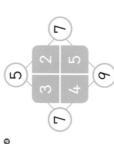

● 네 방향으로 두 수를 모으시오.

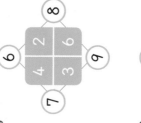

2와 3을 모아 ⑤
3과 4를 모아 ⑦
2와 1을 모아 ③
1과 4를 모아 ⑤

067 양쪽 모으기

● 모으기 하여 ○ 안에 알맞은 수를 써넣으시오.

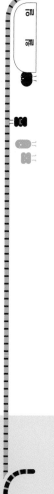

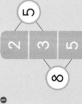
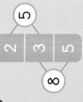
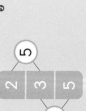
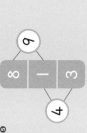
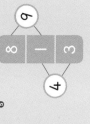
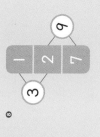

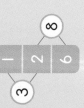

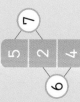

● 빈칸에 알맞은 수를 써넣으시오.

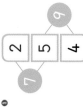
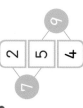

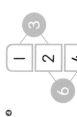

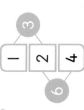

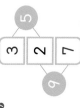
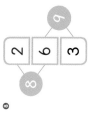

① 주차

068 이층 모으기

P. 14 ● P. 15

● 모으기 하여 빈칸에 알맞은 수를 써넣으시오.

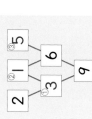
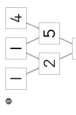

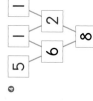

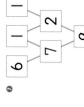

3과 1을 모아 ④
1과 4를 모아 ⑤
4와 5를 모아 ⑨

● 모으기 한 것입니다. 빈칸에 알맞은 수를 써넣으시오.

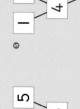
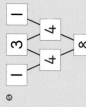
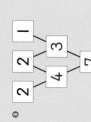

① 6과 모아서 9가 되는 수 ③을 구합니다.
② 2와 모아서 3이 되는 수 ①을 구합니다.
③ 1과 모아서 6이 되는 수 ⑤를 구합니다.

잘 공부했는지 알아봅시다

일 월 화

1 그림을 보고 빈칸에 알맞은 수를 써넣으시오.

❶
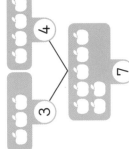

❷
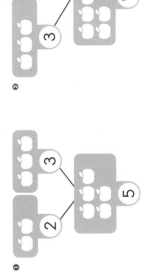

2 빈칸에 알맞은 수를 써넣으시오.

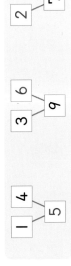

1 4 → 5 3 6 → 9 2 5 → 7

3 모으기를 하여 빈칸에 알맞은 수를 써넣으시오.

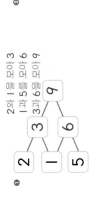

❶ 2와 1을 모아 3
1과 5를 모아 6
3과 6을 모아 9

2 1 5
  3   6
     9

❷ ① 3과 4를 모아 7
② 1과 2를 모아 3
③ 2와 2를 모아 4

①1 2 ③2
  ②3   ①4
      7

② 주차

● 069 가르기

선을 긋는 방법은 여러 가지가 있습니다.

● 가르기에 맞게 선을 그으시오.

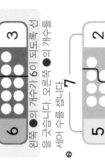

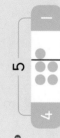
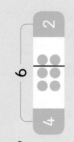
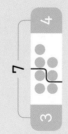
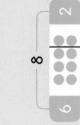
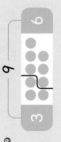
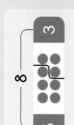
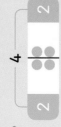

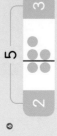

● 가르기에 맞게 선을 긋고 빈칸에 알맞은 수를 써넣으시오.

왼쪽 ●의 개수가 6이 되도록 선을 긋습니다. 오른쪽 ●의 개수를 세어 수를 셉니다.

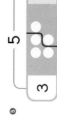

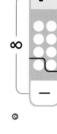
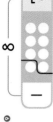

두 수 가르기

070

● 가르기 하여 빈칸에 알맞은 수를 써넣으시오.

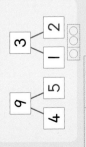

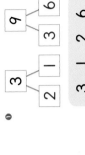

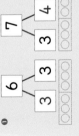

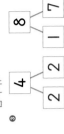

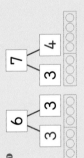

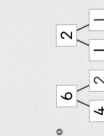

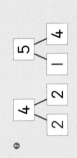

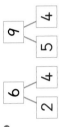

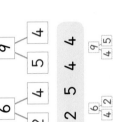

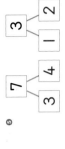

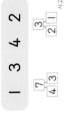

● 안의 수를 한 번씩 사용하여 두 수를 가르기 하시오.

두 수를 바꾸어 써도 됩니다.

괄호 안의 두 수를 바꾸어 써도 됩니다.

모아서 8이 되는 두 수는 2와 6입니다.
모아서 6이 되는 두 수는 3과 3입니다.
두 수 가르기는 모으기를 이용하여 해결합니다.

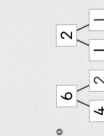

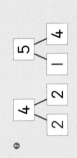

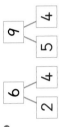

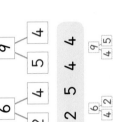

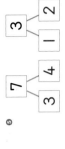

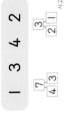

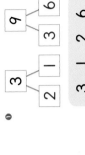

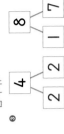

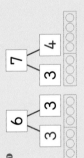

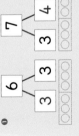

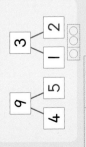

② 주차

071 선 가르기

● 점을 연결하여 ● 안의 수를 가르기 하시오.

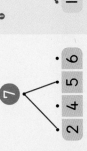

모아서 7이 되는 두 수는 2와 5입니다.
선 가르기는 모으기를 이용하여 해결합니다.

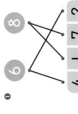

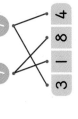

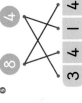

● 점을 연결하여 두 수를 가르기 하시오.

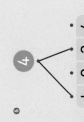

모아서 5가 되는 두 수 1과 4를 연결합니다.
모아서 9가 되는 두 수 7과 2를 연결합니다.
선 가르기는 모으기를 이용하여 해결합니다.

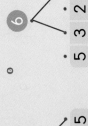

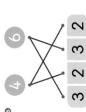

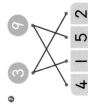

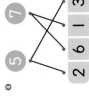

072 이층 가르기

● 수를 두 번 가른 것입니다. 빈칸에 알맞은 수를 써넣으시오.

6은 5와 1로 가릅니다.
5는 1과 4로 가릅니다.

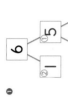
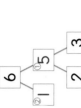
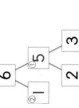

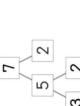

● 빈칸에 알맞은 수를 써넣으시오.

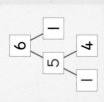

① 6은 4와 2로 갈라집니다.
② 8은 6과 2로 갈라집니다.

① 5는 2와 3으로 갈라집니다.
② 6은 1과 5로 갈라집니다.

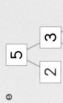

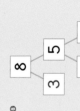

② 주차

잘 공부했는지 알아봅시다

1 7을 가른 두 수에 맞게 선을 그으시오.

❶  | 1 | 6 |

❷  | 2 | 5 |

2 상자 안에 수를 알맞게 넣어 두 수를 가르기 하시오.

2 3 4 5

 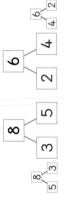

3 6을 세 가지 방법으로 나타내시오. 단, 작은 수부터 씁니다.

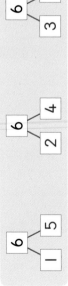

4 점을 연결하여 ● 안의 수를 가르기 하시오.

❶ 9 — 1 2 8 4

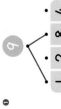

❷ 7 — 6 5 3 2

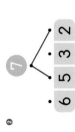

26

③ 주차

073 가로 점잇기

◆ 가르고 모아 10이 되는 수가 되도록 선으로 이으시오.

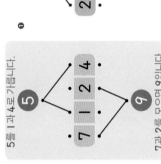
3과 4를 모으면 7입니다.

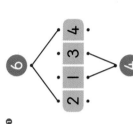
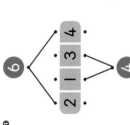
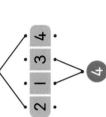

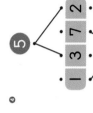
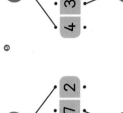
9를 4와 5로 가릅니다.

◆ 가르고 모아 10이 되는 수가 되도록 선으로 이으시오.

5를 1과 4로 가릅니다.

7과 2를 모으면 9입니다.

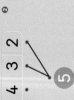
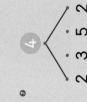
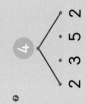
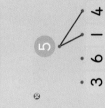

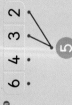

③ 3주차

가모

074

● 가르고 모아 빈칸에 알맞은 수를 써넣으시오.

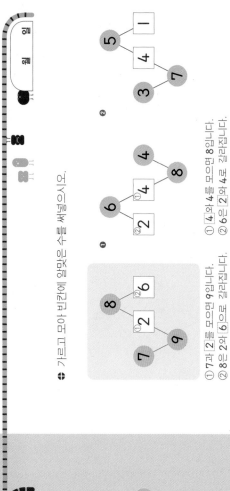

①7과 3과 4로 가릅니다.
②4와 5를 모으면 9입니다.

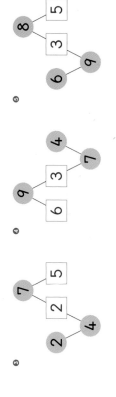

①8을 2와 6으로 가릅니다.
②6과 1를 모으면 7입니다.

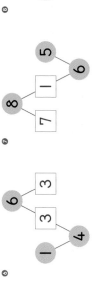

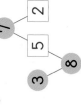

● 가르고 모아 빈칸에 알맞은 수를 써넣으시오.

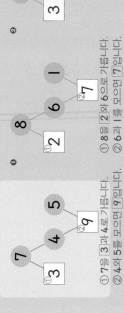

①7과 2를 모으면 9입니다.
②8은 2와 6으로 갈라집니다.

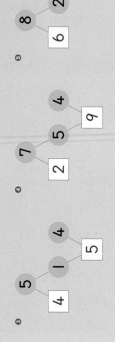

①4와 4를 모으면 8입니다.
②6은 2와 4로 갈라집니다.

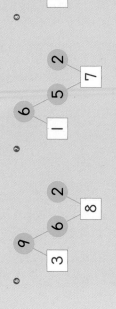

사고셈 | 정답 및 해설

③ 주차

다중 가모

075

● 가르고 모아 빈칸에 알맞은 수를 써넣으시오.

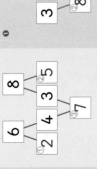

① 6을 2와 4로 가릅니다.
② 8을 3과 5로 가릅니다.
③ 4와 3을 모으면 7입니다.

① 7을 5와 2로 가릅니다.
② 3과 5를 모으면 8입니다.
③ 2와 5를 모으면 7입니다.

● 가르고 모아 빈칸에 알맞은 수를 써넣으시오.

① 1과 2를 모으면 3입니다.
② 3과 4를 모으면 7입니다.
③ 3과 1을 모으면 4입니다.
④ 5는 2와 3으로 갈라집니다.

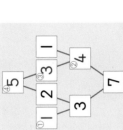

① 6과 3을 모으면 9입니다.
② 4와 2를 모으면 6입니다.
③ 2와 2를 모으면 4입니다.

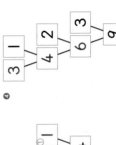

① 3과 1을 모으면 4입니다.
② 6은 3과 3으로 갈라집니다.
③ 2와 3을 모으면 5입니다.
④ 5와 4를 모으면 9입니다.

③ 주차

사방 가모

076

● 가르기 해서 빈칸에 알맞은 수를 써넣으시오.

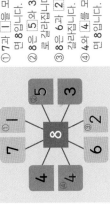

① 4를 1과 3으로 가릅니다.
② 4를 3과 1로 가릅니다.
③ 4를 2와 2로 가릅니다.

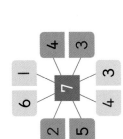
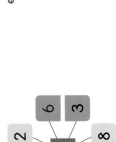
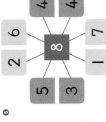
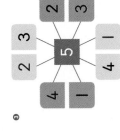
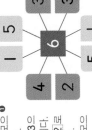

● 가르고 모아 빈칸에 알맞은 수를 써넣으시오.

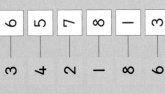

① 7과 1을 모으 면 8입니다.
② 8은 5와 3으로 갈라집니다.
③ 8은 6과 2로 갈라집니다.
④ 4와 4를 모으 면 8입니다.

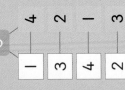
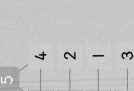

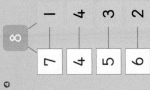

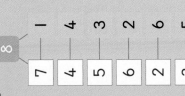

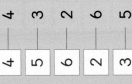

P. 36

잘 공부했는지 알아봅시다

월   일

1 가르고 모아 ● 안의 수가 되도록 선으로 이은 것입니다. 빈칸에 알맞은 수를 쓰시오.

❶

7 ①1
5
②6 8
① 8을 7과 1로 가르기 합니다.
② 1과 5를 모으면 6입니다.

❷

5
3 6
②9 ①2
① 5를 3과 2로 가르기 합니다.
② 3과 6을 모으면 9입니다.

2 가르고 모아 빈칸에 알맞은 수를 써넣으시오.

❶
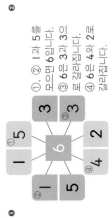

①5
1   3 ③3
6
②1   ④2
5   4
①, ② 1과 5를 모으면 6입니다.
③ 6은 3과 3으로 갈라집니다.
④ 6은 4와 2로 갈라집니다.

❷
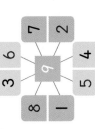

3 6
8   9   4
1   5
7
2
① 2와 1을 모으면 3입니다.
② 5와 3을 모으면 8입니다.
③ 7과 1을 모으면 8입니다.
④ 3과 4를 모으면 7입니다.
⑤ 4는 1과 3으로 갈라집니다.

3 가르고 모아 빈칸에 알맞은 수를 써넣으시오.

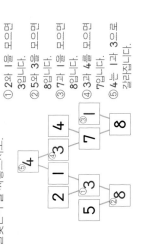

⑤4
2 1 ④3 4
③1 7 ②1
5 8
8

36

④ 주차

077 첨가셈

● 그림을 보고 빈칸에 알맞은 수를 써넣으시오.

4 + 3 = 7

4에 3을 더하면 7 입니다.

①

3 + 2 = 5

3 더하기 2는 5 와 같습니다.

② 5 + 2 = 7

③

3 + 6 = 9

④ 1 + 3 = 4

1에 3을 더하면 4 입니다.

⑤

2 + 4 = 6

2 더하기 4는 6 과 같습니다.

⑥ 1 + 5 = 6

⑦

7 + 1 = 8

첨가는 하나의 부분에 다른 부분을 추가하여 전체를 구하는 경우입니다. 예를 들어 4마리가 나뭇가지에 새가 앉아 있는데 2마리가 더 날아와 서 앉았다면 나뭇가지에 앉은 새는 모두 6마리라고 대답하는 경우입니다.

● 그림을 보고 알맞은 덧셈식을 쓰시오.

1 + 4 = 5

① 2 + 2 = 4

② 3 + 3 = 6

③ 6 + 1 = 7

④ 2 + 3 = 5

⑤  3 + 5 = 8

⑥  3 + 4 = 7

⑦ 5 + 4 = 9

⑧ 5 + 3 = 8

⑨ 4 + 2 = 6

4 주차

078 평행센

● 그림을 보고 빈칸에 알맞은 수를 써넣으시오.

2+3= 5
2와 3의 합은 5 입니다.

2+5= 7

4+4= 8
4와 4의 합은 8 입니다.

6+3= 9

1+6= 7
1 더하기 6은 7 과 같습니다.

4+2= 6

3+1= 4
3 더하기 1은 4 와 같습니다.

2+7= 9

합병은 두 양이 있으면 이들을 더하여 전체를 구하는 경우입니다. 예를 들어 흰 바둑돌이 5개 있고 검은 바둑돌이 3개 있으면 모두 8개라고 대답하는 경우입니다.

● 그림을 보고 덧셈식을 쓰시오.

4+2=6

① 4+1=5

③ 2+5=7

⑤ 1+7=8

⑦ 6+3=9

⑨ 3+3=6

② 1+3=4

④ 8+1=9

⑥ 3+4=7

⑧ 4+4=8

④ 주차

079 바꾸어 더하기

● 두 수를 바꾸어 더한 것입니다. □ 안에 알맞은 수를 써넣으시오.

$2+6=8$
$6+2=8$

① $3+4=7$
$4+3=7$

② $1+2=3$
$2+1=3$

③ $4+2=6$
$2+4=6$

④ $4+1=5$
$1+4=5$

⑤ $3+6=9$
$6+3=9$

⑥ $5+3=8$
$3+5=8$

⑦ $2+5=7$
$5+2=7$

⑧ $2+3=5$
$3+2=5$

⑨ $1+3=4$
$3+1=4$

⑩ $4+5=9$
$5+4=9$

⑪ $7+1=8$
$1+7=8$

덧셈에서는 두 수를
바꾸어 더해도 그 값
은 같습니다.

월 일

● 주어진 수를 사용하여 덧셈식을 두 개 만드시오.

6 9 3
$3+6=9$
$6+3=9$

① 4 2 6
$2+4=6$
$4+2=6$

② 4 7 3
$3+4=7$
$4+3=7$

③ 4 1 3
$1+3=4$
$3+1=4$

④ 6 8 2
$2+6=8$
$6+2=8$

⑤ 1 5 4
$1+4=5$
$4+1=5$

⑥ 8 3 5
$3+5=8$
$5+3=8$

⑦ 9 7 2
$2+7=9$
$7+2=9$

⑧ 7 2 5
$2+5=7$
$5+2=7$

080 다리 잇기

● 계산을 한 다음 알맞게 선으로 이으시오.

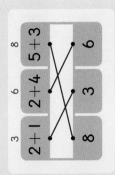

❶
3+4	3+3	2+3
7	6	5
7	5	6

❸
5+2	4+5	1+1
2	9	7

❺
5+3	2+7	2+1
3	8	9

❷
2+6	1+5	1+3
6	4	8

❹
3+1	4+4	3+6
8	4	9

❖ 계산 결과가 같은 것끼리 선으로 이으시오.

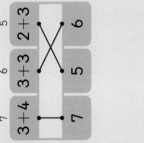

2+1	1+4	4+3
3	5	7
5+2	2+3	1+2
7	5	3

❶
6+1	1+7	2+3
7	8	5
4+4	4+1	3+4
8	5	7

❸
2+4	3+4	8+1
3+6	5+1	1+6

❺
3+3	1+3	4+3
5+2	2+2	5+1

❷
3+5	2+7	1+5
4+5	7+1	5+1

❹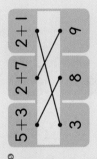
4+5	6+2	2+5
5+2	6+3	4+4

사고셈 ● 45

44

④ 주차

잘 공부했는지 알아봅시다

월 일

1 그림을 보고 덧셈식을 쓰시오.

❶

$5+1=6$

❷

$8+1=9$

2 그림을 보고 덧셈을 하시오.

❶

$4+1=5$

❷

$4+2=6$

3 그림을 보고 □ 안에 알맞은 수를 써넣으시오.

$4+1=\boxed{5}$

$1+4=\boxed{5}$

두 수를 바꾸어 더해도 그 값은 같습니다.

4 계산 결과가 같은 것끼리 선으로 이으시오.

3+2	1+6	4+5
8+1	2+3	5+2

46

계산기

P.48 ● P.49

5 주차

081

● 칠해진 자판을 눌러 덧셈한 것입니다. 계산 결과를 빈칸에 써넣으시오.

5+3=8
3+5=8

2+3=5
3+2=5

4+3=7
3+4=7

❖ 계산 결과를 보고 숫자 두 개를 □ 안에 써넣으시오. 단 작은 수부터 씁니다.

① (1 , 4) (2 , 3)
1+4=5
2+3=5

(1 , 5) (2 , 4) (3 , 3)
1+5=6
2+4=6
3+3=6
합이 6이 되는 두 수를 구합니다.

②  (1 , 3) (2 , 2)
1+3=4
2+2=4

③ (1 , 7) (2 , 6) (3 , 5) (4 , 4)

④  (1 , 8) (2 , 7) (3 , 6) (4 , 5)

⑤  (1 , 6) (2 , 5) (3 , 4)

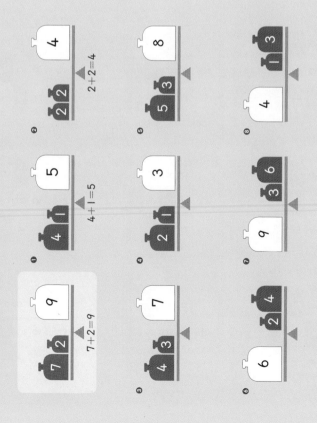

5 주차

082

무게셈

● 양팔저울이 평형을 이룹니다. 빈칸에 알맞은 수를 써넣으시오.

7 2 / 9
7+2=9

4 1 / 5
4+1=5

2 2 / 4
2+2=4

4 3 / 7

2 1 / 3

5 3 / 8

6 2 4

9 / 3 6

4 1 3

5 2 3

8 / 7 1

9 / 4 5

● ☐ 안에 세 수를 빈칸에 써넣으시오. 사용하지 않는 수는 ✕표 합니다.

7 ✕ 9 2
7+2=9
세 수로 덧셈식을 만듭니다.
추의 크기에 맞게 수를 써넣습니다.

5 1 / 6
5 ✕ 6 1
5+1=6

3 2 / 5
2 5 ✕ 3
3+2=5

2 1 / 3
3 1 ✕ 2

2 2 / 4
2 ✕ 2 4

3 4 / 7
✕ 4 7 3

8 / 4 4
8 ✕ 4 4

9 6 3
6 3 ✕ 9

5 4 1
5 4 1 ✕

7 5 2
7 ✕ 5 2

6 3 3
3 3 6 ✕

4 3 1
✕ 3 4 1

⑤ 주차

막대셈

① ジ 083

● 선으로 이어진 두 수의 합을 구하시오.

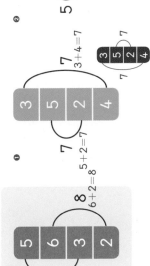

6+1=7

3+5=8

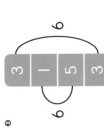

4+2=6

5+4=9

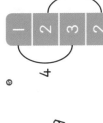

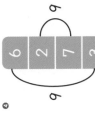

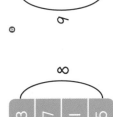

● 함이 같도록 두 수를 선으로 잇고, 합을 쓰시오.

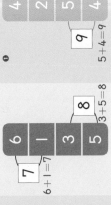

5+3=8

6+2=8

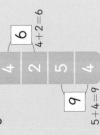

3+4=7

5+2=7

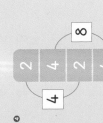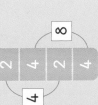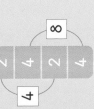

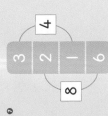

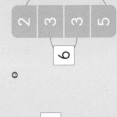

두 수를 연결한 선의 모양이
좌우가 바뀌어도 됩니다.

⑤ 주차

084

과녁셈

● 화살이 꽂힌 부분의 수의 합을 가운데 ○ 안에 써넣으시오.

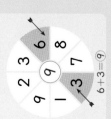
6+3=⑨

3+5=⑧

1+2=③

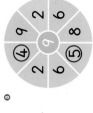

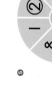

◆ 수의 합이 가운데 수가 되도록 두 수에 ○표 하시오.

함이 9가 되는 두 수를
찾습니다.
⑧+①=9

①+④=5

(2)+5=7

(8)=8

②+5=7

⑤ 주차

잘 공부했는지 알아봅시다

월   일

1 합이 6인 덧셈식을 4개 만드시오. 단, 큰 수를 앞에 씁니다.

6 + 0 = 6   5 + 1 = 6   4 + 2 = 6   3 + 3 = 6

2 두 수의 합을 구한 것입니다. 계산 결과를 보고 두 수를 찾아 빈칸에 쓰시오.

(1 , 8)
(2 , 7)
(3 , 6)
(4 , 5)

3 합이 같도록 두 수를 선으로 잇고 합을 쓰시오.

❶ 4
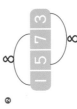
1 2 3

❷ 8
1 5 7 3
8

4 수의 합이 가운데 수가 되도록 두 수에 ○표 하시오.

6 + 1 = 7

56

6 주차

085 그림 네모셈

● □ 안에 들어갈 수만큼 ○표 하고, 알맞은 수를 써넣으시오.

$6+2=8$

❶ $4+3=7$

❷ $1+5=6$

❸ $3+1=4$

❹ $2+4=6$

❺ $7+1=8$

❻ $1+2=3$

❼ $5+3=8$

❽ $2+3=5$

❾ $3+6=9$

❿ $2+5=7$

⓫ $8+1=9$

● □ 안에 들어갈 수만큼 ○표 하고, 알맞은 수를 써넣으시오.
□의 모양과 ●의 개수만 맞으면 됩니다.

$4+3=7$

❶ $5+4=9$

❷ $6+2=8$

❸ $2+2=4$

❹ $6+1=7$

❺ $1+4=5$

❻ $1+7=8$

❼ $5+1=6$

❽ $2+5=7$

❾ $7+2=9$

❿ $5+3=8$

⓫ $4+5=9$

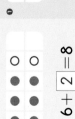

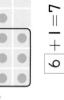

네모셈

086

● □ 안에 들어갈 수에 ○표 하고, 알맞은 수를 써넣으시오.

$5 + \boxed{2} = 7$ 1 3 ②
5+1=6
5+3=8
5+2=7

① $6 + \boxed{3} = 9$ ③ 4 2
6+3=9

② $\boxed{6} + 2 = 8$ ⑥ 7 5

③ $4 + \boxed{1} = 5$ 2 ① 3
4+①=5

④ $\boxed{5} + 2 = 7$ 6 ⑤ 4

⑤ $2 + \boxed{4} = 6$ 4 3 ②

□ 안에 수를 넣어 계산해 봅니다.

⑥
$\begin{array}{r} 2 \\ + \boxed{6} \\ \hline 8 \end{array}$ 4 3 ②

⑦
$\begin{array}{r} \boxed{5} \\ + 2 \\ \hline 7 \end{array}$ ⑤ 7 6

⑧
$\begin{array}{r} 4 \\ + 4 \\ \hline 8 \end{array}$ 6 5 ④

⑨
$\begin{array}{r} 2 \\ + \boxed{3} \\ \hline 5 \end{array}$ ③ 1 2

⑩
$\begin{array}{r} 2 \\ + \boxed{7} \\ \hline 9 \end{array}$ 6 5 ⑦

◉
$\begin{array}{r} 7 \\ + 1 \\ \hline 8 \end{array}$ 2 ① 3

● □ 안에 알맞은 수를 써넣으시오.

두 수를 바꾸어 더하여도 계산 결과는 같습니다.

✚ $6 + \boxed{2} = 8$
$\boxed{2} + 6 = 8$

① $\boxed{3} + 2 = 5$
$2 + \boxed{3} = 5$

② $\boxed{1} + 6 = 7$
$6 + \boxed{1} = 7$

③ $4 + \boxed{5} = 9$
$\boxed{5} + 4 = 9$

④ $2 + \boxed{1} = 3$
$\boxed{1} + 2 = 3$

⑤ $\boxed{1} + 3 = 4$
$3 + \boxed{1} = 4$

⑥
$\begin{array}{r} \boxed{2} \\ + 5 \\ \hline 7 \end{array}$
$\begin{array}{r} 5 \\ + \boxed{2} \\ \hline 7 \end{array}$

⑤
$\begin{array}{r} \boxed{2} \\ + 4 \\ \hline 6 \end{array}$
$\begin{array}{r} \boxed{2} \\ + 4 \\ \hline 6 \end{array}$

⑦
$\begin{array}{r} \boxed{5} \\ + 3 \\ \hline 8 \end{array}$
$\begin{array}{r} 3 \\ + \boxed{5} \\ \hline 8 \end{array}$

⑧
$\begin{array}{r} \boxed{4} \\ + 5 \\ \hline 9 \end{array}$
$\begin{array}{r} 5 \\ + \boxed{4} \\ \hline 9 \end{array}$

⑦
$\begin{array}{r} \boxed{8} \\ + 1 \\ \hline 9 \end{array}$
$\begin{array}{r} 1 \\ + \boxed{8} \\ \hline 9 \end{array}$

⑩
$\begin{array}{r} \boxed{1} \\ + 6 \\ \hline 7 \end{array}$
$\begin{array}{r} 6 \\ + \boxed{1} \\ \hline 7 \end{array}$

6주차

087 도미노 연산

● □ 안에 알맞은 수를 써넣으시오.

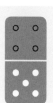

❸ 2+3=5

❶ 4+5=9

❷ 5+3=8

❹ 1+5=6

❺ 8+1=9

❼ 2+7=9

❽ 6+2=8

❿ 3+1=4

❶⓪ 1+6=7

❹ 3+4=7

❹ 4+4=8

❾ 5+2=7

월   일

◆ 도미노에 ○를 알맞게 그리고, □ 안에 알맞은 수를 써넣으시오.

❸ 5+4=9

❶ 5+2=7

❷ 3+3=6

❸ 1+7=8

❹ 2+5=7

❺ 2+1=3

❻ 3+2=5

❼ 4+2=6

❽ 3+6=9

❾ 4+4=8

❿ 6+3=9

⓫ 2+5=7

63

사고셈 ● 63

비행기

P.64 · P.65

6 주차

088

● 덧셈식에 맞게 ○표 하시오.

① 3 + ④ = 7   2   3
   3+4=7

② 3 + 4 = 8   6   ⑤

③ 2 + 8 = 9   ⑦   6

④ 5 + 3 = 6   2   ①

① 2 + 2 = 5   ③   4
   2+3=5

③ 5 + ④ = 9   2   3

⑤ 2 + 6 = 7   4   ⑤

⑦ 7 + 1 = 9   3   ②

● 빈칸에 알맞은 수를 써넣으시오.

① 5 + 1 = 8   3   ...
   5+3=8
   5+1=6
   5+4=9

② 4 + 3 = 5   1   4

④ 1 + 1 = 2   3   8

⑥ 3 + 5 = 6   3   4

① 3 + 2 = 5   2   5
   3+2=5
   3+6=9
   3+3=6

③ 2 + 2 = 3   1   4   7

⑤ 4 + 2 = 8   4   1   5

⑦ 6 + 1 = 9   3   2   8

64 · 사고셈 · 65

6 주차

잘 공부했는지 알아봅시다

월 일

1 □ 안에 들어갈 수 만큼 ○표 하고, 알맞은 수를 써넣으시오.

❶ 4+3=7

❷ 5+4=9

2 □ 안에 알맞은 수를 써넣으시오.

❶ 6+2=8   ❷ 1+2=3   ❸ 1+7=8

2+6=8   2+1=3   7+1=8

3 도미노에 ○를 알맞게 그리고, □ 안에 알맞은 수를 써넣으시오.

❶ 1+3=4

❷ 4+4=8

도미노의 두 칸의 점의 수가 계산 결과와 같아야 합니다.

4 빈칸에 알맞은 수를 써넣으시오.

5+ 2 7 5+2=7
    3 =8 5+3=8
    1 6 5+1=6

66

상자셈

089

● □ 안에 알맞은 수를 써넣으시오.

4 → +4 → 8
4 → 4+4=8

3 → +2 → 5
3 → 3+2=5

1 → +5 → 6

2 → +2 → 4

5 → +4 → 9

4 → +3 → 7

2 → +1 → 3

5 → +2 → 7

3 → +5 → 8

2 → +4 → 6

● □ 안에 알맞은 수를 써넣으시오.

1 → +3 → 4
1+3=4

1 → +2 → 3
1+2=3

2 → +3 → 5

3 → +4 → 7

2 → +7 → 9

5 → +3 → 8

6 → +2 → 8

4 → +5 → 9

5 → +1 → 6

1 → +6 → 7

7주차

두 막대

090

● 빈칸에 알맞은 수를 써넣으시오.

$3 + \boxed{5} = 8$

$6 + \boxed{3} = 9$

$\boxed{4} + 4 = 8$

$1 + \boxed{4} = 5$

$5 + 2 = 7$

$1 + 2 = 3$

$3 + 3 = 6$

$7 + 2 = 9$

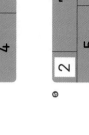

● 빈칸에 알맞은 수를 써넣으시오.

$5 + 4 = 9$

$6 + \boxed{3} = 9$

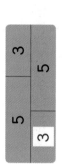

$4 + 3 = 7$

$\boxed{6} + 1 = 7$

7 주차

계단셈

091

● 빈칸에 알맞은 수를 써넣으시오.

P.72 ● P.73

● 빈칸에 알맞은 수를 써넣으시오.

① 5+2=7, 4+1=5

② 6, 9

③ 9

④ 8, 1

⑤ 3, 9, 5, 8

① 3+6=9, 1+2=3

② 6+2=8, 5+1=6

③ 6, 8

④ 9

⑤ 8

7 주차

원형셈

092

● 두 수의 합을 빈칸에 써넣으시오.

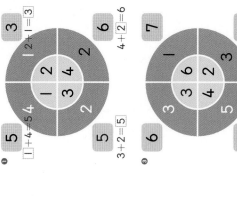
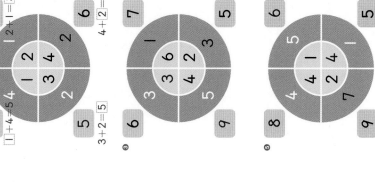
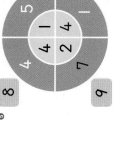
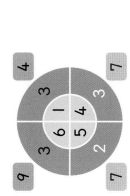

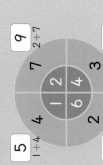
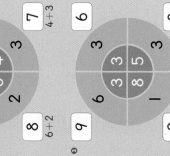
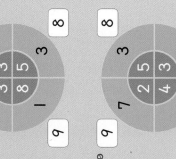

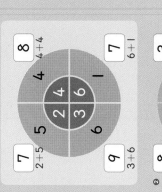
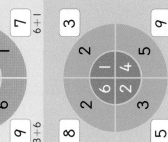
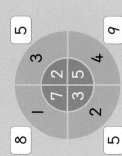
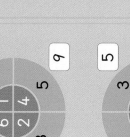
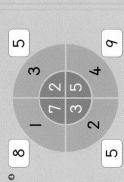

● 빈칸에 알맞은 수를 써넣으시오.

잘 공부했는지 알아봅시다

1 상자의 빈칸에 알맞은 수를 써넣으시오.

❶
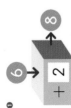
6 → +2 → 8
6+2=8

❷
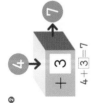
4 → +3 → 7
4+3=7

❸
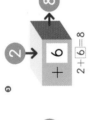
2 → +6 → 8
2+6=8

2 빈칸에 알맞은 수를 써넣으시오.

❶
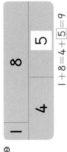

5	3
2	6

5+3=2+6=8

❷

4	8
1	5

1+8=4+5=9

3 빈칸에 알맞은 수를 써넣으시오.

4 → +2 → 6 → +2 → 8
4+2=6
6+2=8

⑧ 주차

093 다이아몬드

● 선으로 연결된 두 수의 합을 빈칸에 써넣으시오.

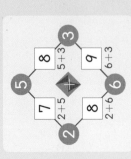
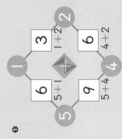
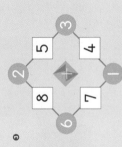
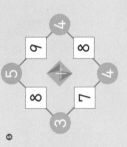

● 두 수의 합이 선 위의 수가 되도록 빈칸에 알맞은 수를 써넣으시오.

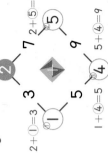
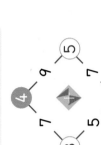
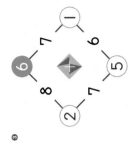
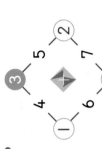
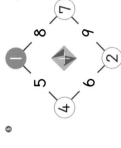

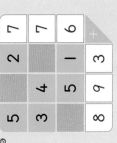

094

매트릭스

● 가로, 세로로 두 수씩 더하여 빈칸을 채우시오.

4+3 5+1 6+2
3+6 1+2
4+5

P.80 ● P.81

⑧ 주차

80

81

사고셈 ● 81

월 일

● 가로, 세로로 두 수씩 더하여 빈칸을 채우시오.

①3+4=7
②6+3=9
③6+2=8
④2+1=3
⑤1+5=6
⑥5+4=9

①2+6=8
②3+6=9
③3+1=4
④4+1=5
⑤5+4=9
⑥5+2=7

8 주차

095 수 묶기

● 이웃한 두 수의 합이 ● 안의 수가 되도록 ◯으로 묶으시오.

8 3 ②⑥ 1 1
2+6=8

7 5 1 ②④③

5 4 ③② 1

9 ②⑦ 4 1 2

6 5 3 1 ②④

8 4 3 3 ②⑥

6 1 2 1 ③③
3+3=6

4 ①③ 2 1 2

8 5 2 4 ⑤③

7 2 1 ③③ 4

9 1 ⑥ 3 ⑤ 1

7 ⑤ 2 3 2 4

❶ 이웃한 두 수의 합이 ● 안의 수가 되도록 ◯으로 묶으시오.

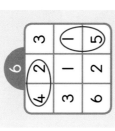

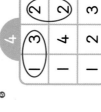

096 미로 통과

● 계산에 맞게 선을 그어 미로를 통과하시오.

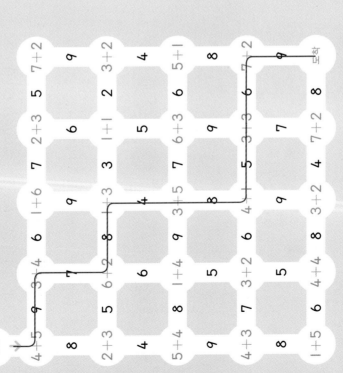

● 사자, 여우, 너구리, 곰이 먹이 창고에 도착하도록 계산에 맞게 길을 그리시오.

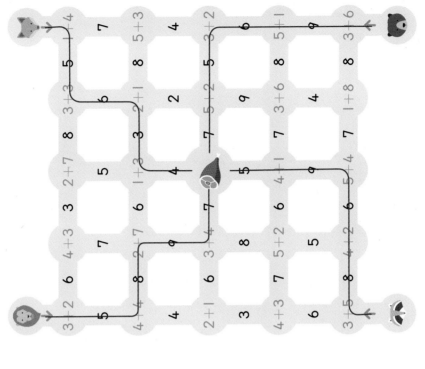

P. 86

8 주차

잘 공부했는지 알아봅시다

월 일

1 선으로 연결된 두 수의 합을 빈칸에 써넣으시오.

6+2=8 2+4=6 6+3=9 3+4=7

2 이웃한 두 수의 합이 ● 안의 수가 되도록 ○로 묶으시오.

① ⑧ 7 2 (5 3) 4
5+3=8

② ⑨ 2 (8 1) 7 6
8+1=9

3 합이 8이 되는 칸을 색칠해 보고 어떤 숫자가 보이는지 쓰시오. 4

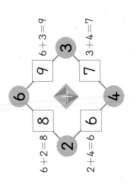

3+2	6+5	6+3	1+2
8+1	4+2		6+0
2+2			
9+9	1+4	5+4	4+3

생각의 힘을 키우는 연산!

사고셈

www.nebooks.co.kr ▼

6세
1~4호

7세
1~4호

초등1
1~4호

초등2
1~4호

초등3
1~4호

초등4
1~4호

지은이	한헌조	펴낸이	주민홍
선임연구원	이종현	펴낸곳	서울시 마포구 월드컵북로 396[상암동] 누리꿈스퀘어 비즈니스타워 10층
연구원	한아름, 한솔, 유예림, 김현주		㈜NE능률 [우편번호 03925]
디자인	표지: 디자인싹, 내지: 베이스라인	펴낸날	2015년 1월 5일 초판 1쇄
영업	한기영, 주성탁, 박인규, 장순용		2018년 12월 5일 재판 1쇄 2019년 8월 15일 재판 2쇄 2019년 12월 15일 3쇄
마케팅	박혜선, 김상민	전화	02 2014 7114
		팩스	02 3142 0356
		홈페이지	www.neungyule.com
		등록번호	제1-68호

고객센터

교재 내용 문의 (contact.nebooks.co.kr) / 제품 구매, 교환, 불량, 반품 문의 (02-2014-7114)

☎ 전화문의는 본사 업무시간 중에만 가능합니다.

사고셈 으로 공부하면 ……

◆ **생각하는 힘**이 키워집니다.
외워서 답만 쓰는 것이 아니라 연산의 원리, 수를 조작하는 힘을 통해
다양한 문제를 해결할 수 있는 **수학적 사고력**이 길러집니다.

◆ **스스로 학습**할 수 있습니다.
하루에 2쪽, 하나의 **사고력 유형**을 학습함으로써 스스로 **주별 학습**을
계획할 수 있습니다.

NE능률 교재 부가학습 사이트
www.nebooks.co.kr

NE Books 사이트에서 본 교재에 대한
상세 정보 및 부가학습 자료를 이용하실 수 있습니다.

* 교재 내용 문의: contact.nebooks.co.kr

품질경영 및 공산품안전관리법에 의한 표시
품명: 도서
제조사명: ㈜NE능률
주소: 서울특별시 마포구 월드컵북로 396
(상암동)누리꿈스퀘어 비즈니스타워 10층
전화번호: 02) 2014-7114
제조년월: 2019년 12월
제조국: 대한민국
사용연령: 5세 이상

정가 9,000원

63410

9 791125 325703
ISBN 979-11-253-2570-3

사고셈

생각의 힘을 키우는 연산!

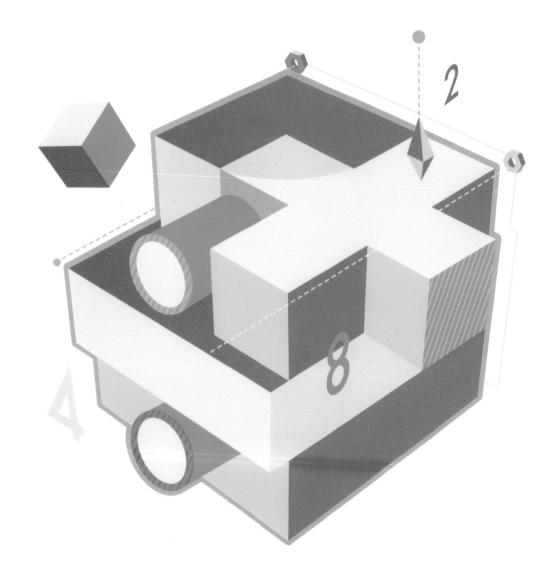

NE 능률

◆ 1단계_사고력 유형 학습
◆ 2단계_점검 학습

6세 **2호**

더하기 빼기 1과 2

www.neungyule.com

우리 영수
잘한다 자란다

NE능률이
영어도, 수학도 잘합니다.

창의사고력은 풍부하게, 개념 확립은 탄탄하게,
수학으로 만나는 NE능률의 1등 노하우!
배움은 즐거워지고 자신감은 커져갑니다.

1등 영어브랜드로 지켜온 믿음, 변함없이 수학교육으로 이어가겠습니다.

유초등 사고력연산

초등 개념기본서

초등 상위권 심화학습서

중등 개념기본서

중등 상위권 심화학습서

고등 단기학습공략서

고등 수능기출문제집

건강한
배움의 즐거움